Expédition

de

Sardaigr

Le Lieutenant-Colonel Bonaparte à la Maddalena
(1792-1793)

AVEC UNE CARTE HORS TEXTE

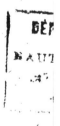

PARIS
Henri CHARLES-LAVAUZELLE
Éditeur militaire
10, Rue Danton, Boulevard Saint-Germain, 118
(MÊME MAISON A LIMOGES)

1912

Expédition de Sardaigne

Lieutenant E. PEYROU

Expédition

de

Sardaigne

Le Lieutenant-Colonel Bonaparte à la Maddalena
(1792-1793)

PARIS

Henri CHARLES-LAVAUZELLE

Éditeur militaire

10, Rue Danton, Boulevard Saint-Germain, 118

(MÊME MAISON A LIMOGES)

1912

Au Lieutenant-Colonel Châtillon

Hommage de respectueux dévouement.

E. P.

PRÉFACE

L'oubli des contemporains et de l'histoire, tel a été le sort de l'expédition de Sardaigne.

Cette sanction paraît méritée, si l'on ne considère que la fin lamentable de cette entreprise.

Cependant, si l'on tient compte des intentions du Conseil exécutif provisoire, du prix qu'il attachait à la prise d'une île aussi importante, des moyens — considérables pour l'époque — qu'il mit en œuvre, et du retentissement qu'il escomptait de la réussite de la mission confiée à Truguet, on voit que l'expédition de Sardaigne ne le cède en rien en intérêt à la conquête de la Savoie et du comté de Nice. Seulement les destinées furent différentes. Les généraux d'Anselme et Montesquiou eurent meilleure fortune que l'amiral Truguet.

Nous avons pensé que la France est assez riche de gloire pour qu'elle n'ait rien à cacher de son histoire, et c'est pourquoi nous n'avons pas hésité à tirer de l'ombre cette expédition oubliée.

On y verra les efforts désordonnés et laborieux qui marquèrent les débuts de la lutte de la Révolution et de l'Europe, la timidité, l'inexpérience, la pusillanimité, la lâcheté même des chefs qui conduisirent nos premières troupes à l'ennemi, et surtout le manque de cohésion et d'esprit militaire qui rend les jeunes levées impropres à la guerre.

Alors apparaîtront plus éclatantes cette énergie des premiers partisans du nouveau régime, et cette fortune qui permit à la Révolution de se constituer à son gré, en maintenant, par de simples procédés d'intimidation, l'Europe hésitante et armée sur toutes les frontières.

Par l'emploi de proclamations et d'intrigues, l'expédition de Sardaigne tiendra des guerres de propagande; mais, au beau désintéressement des premiers élans, se mêleront déjà des considérations d'intérêts, caractéristiques d'une évolution prochaine dans l'esprit du peuple et l'opinion des dirigeants. L'expédition de Sardaigne marquera ainsi une transition entre les guerres de conquêtes et les guerres d'affranchissement et de propagande.

Nous ne regretterons pas nos patientes recherches, si nous avons réussi à tirer de l'oubli une leçon de choses faite par nos ancêtres, et si nous sommes parvenus à apporter notre contribution — pour si faible qu'elle soit — à l'histoire de notre belle France.

Lieutenant E.-J. Peyrou.

Expédition de Sardaigne

Le lieutenant-colonel Bonaparte à la Maddalena
1792-1793.

I

La France et l'Autriche. — Attitude de François II. — La déclaration
de guerre du 20 avril 1792. — Echec des négociations en Europe.
— L'ambassadeur de Sémonville à Turin. — Etat d'esprit des
cours étrangères. — Le Piémont entre dans la coalition. — Situation politique et état de l'île de Sardaigne.

Au début de l'année 1792, les principes de 1789 avaient
fait en France des adeptes enthousiastes. Le prosélytisme
guerrier avait gagné la majorité de la nation et rendu les
esprits favorables à une croisade révolutionnaire. Les partisans du régime nouveau déclaraient que nos frontières
étaient trop resserrées et qu'il devenait nécessaire d'ouvrir,
par delà ces limites conventionnelles, une large voie à nos
idées qui déjà filtraient partout.

L'expansion par les armes devenait de plus en plus
inévitable ; elle était fatale et résultait du génie national
des Français et du caractère propre de la Révolution.
Pour la déterminer, il ne fallait qu'une occasion ; ce fut
l'Autriche qui la fournit.

François II prodiguait aide et protection aux émigrés,
les soutenait de ses conseils et de ses exhortations, leur
promettait le secours de sa nombreuse armée, et attisait
en Europe toutes les haines contre le peuple qui avait osé
secouer le joug des rois.

Cette attitude offensante et provocatrice de l'empereur

ne tarda pas à révolter la France révolutionnaire, qui avait conscience de ses droits et qui, chaque jour, les affirmait plus énergiquement. La dignité de la Révolution était en jeu, il fallait la sauvegarder. Dumouriez, avec calme mais avec vigueur, somma l'Autriche de modifier sa façon d'agir. La sommation de ce jeune révolutionnaire suscita, à la vieille cour des Habsbourg, à la fois du dédain, de la colère et de l'étonnement. La Révolution ne courbait donc pas le front devant les plus vieilles monarchies ? Vienne répondit par un ultimatum orgueilleux; elle demanda simplement le rétablissement de la royauté dans l'état fixé par la déclaration du 23 juin.

Il ne restait plus à l'Assemblée nationale qu'à faire son devoir. Le 20 avril 1792, au milieu des transports d'enthousiasme, elle votait la « guerre aux rois et la paix aux nations ». Puis, afin de montrer clairement l'esprit de ses résolutions, elle déclarait « que la nation française, fidèle aux principes consacrés par la Constitution, de n'entreprendre aucune guerre en vue de faire des conquêtes et de n'employer jamais ses forces contre la liberté d'aucun peuple, ne prenait les armes que pour la défense de sa liberté et de son indépendance; que la guerre qu'elle était obligée de soutenir n'était point une guerre de nation à nation, mais la juste défense d'un peuple libre contre l'injuste agression d'un roi ».

Tandis que, hautement, la France révolutionnaire affirmait sa volonté de suivre à l'intérieur les voies qu'elle s'était tracées, secrètement, elle caressait l'espoir d'une paix heureuse qui lui permettrait de reconquérir en Europe son prestige menacé. La Révolution avait foi en ses destinées et la conscience des faibles ressources dont elle disposait ne devait point la faire hésiter dans sa courageuse résolution d'entamer une lutte inégale. L'enthousiasme fait oublier la prudence. L'insubordination des troupes, l'inexpérience des officiers de remplacement et d'une partie des officiers généraux étaient connues de tous, et, malgré cela, Dumouriez déclarait la guerre. Inspiré par le génie de la Révolution, il prophétisait les événements prochains, donnait du courage à tous et déclarait que « lors même que la discipline préparerait dans une première campagne quelques succès aux ennemis de la France, jamais ils ne pourraient triompher de la résistance d'une nation populeuse et brave dont tous les individus sont armés ».

Un esprit nouveau avait dicté la guerre ; de vieilles traditions allaient la conduire. L'Assemblée avait voté la guerre aux rois ; Dumouriez ne la déclara qu'au roi de Bohême et de Hongrie. Un révolutionnaire reprenait la politique oubliée des Richelieu, Mazarin et Louis XIV. Son objectif était net : c'était l'Autriche, et le terrain pour la combattre était choisi : c'était de Trèves aux Pays-Bas.

Avant de prendre les armes, Dumouriez chercha à supplanter la diplomatie de Vienne ; il comptait sur les intrigues habiles de ses agents secrets pour soulever des oppositions d'intérêts contre la maison d'Autriche et se créer ainsi une atmosphère favorable en Allemagne et en Italie, à Berlin et à Turin. Il escomptait une alliance avec la Prusse et la neutralité des princes de l'Empire. Ses démarches ne devaient être qu'une suite de déceptions. Talleyrand échouait à Londres, Custine n'était pas plus heureux à Berlin. Quant à Sémonville, il ne parvenait même pas à entrer en pourparlers avec Victor-Amédée.

A la vérité, malgré les optimistes prévisions de Dumouriez, c'était bien la vieille Europe monarchique qui se levait contre la jeune France révolutionnaire, avec la certitude absolue de l'écraser.

La Révolution semblait aux rois sans ressort ni avenir, et ses réformes marquées au coin de l'utopie. Ils voyaient dans ce régime nouveau la cause de l'abaissement momentané de la France, et se plaisaient à opposer avec ironie

la grandeur de Louis XIV à l'effacement de Louis XVI.
Les cours d'Europe passèrent ainsi deux ans à mécon-
naître l'immense portée de l'œuvre révolutionnaire et à
s'endormir sur leurs propres erreurs ; elles ne devaient se
réveiller que pour se voir confondues et mises en déroute
par la puissance miraculeuse des principes de 1789. Notre
proche voisin, Victor-Amédée, vivait dans l'inconscience
générale ; il s'apercevait à peine que, dans la Savoie et le
Piémont, chacun avait les regards tournés vers Paris et
suivait attentivement les déclarations de principes et les
mouvements populaires.

Le peuple protestait contre les privilèges de la noblesse
et le roi ne comprenait qu'à demi. Les tendances démo-
cratiques de ses Etats finirent cependant par l'alarmer ;
mais, quand Victor-Amédée sortit de sa longue torpeur, la
réalité lui apparut effrayante : son royaume était déjà
ébranlé par des secousses violentes. Affolé, et d'autant plus
qu'il connaissait moins le péril qui le menaçait, Victor-
Amédée se jeta à corps perdu dans la coalition. C'en était
fait de la politique traditionnelle des « portiers des Alpes »
et des projets de Confédération italienne. Le danger était
trop pressant pour ne pas l'hynoptiser.

L'offre que la France lui fit de lui donner le Milanais en
échange de sa neutralité pouvait être séduisante ; elle pouvait flatter les appétits des rois de Sardaigne ambitieux et
clairvoyants ; elle ne devait pas faire hésiter Victor-Amédée. L'occasion pouvait paraître favorable de profiter des
avantages d'une guerre contre François II sans en courir
les risques, et cependant Victor-Amédée allait se tourner
vers l'Autriche, son ennemie naturelle, qui ne cherchait
qu'à l'étouffer. En dépit d'intérêts opposés, la hantise de
la Révolution française suffisait pour faire l'union des
souverains autour de la cause commune : celle des trônes.
D'ailleurs, participer à la croisade des rois et recevoir

le Milanais comme prix de la victoire semblait à Victor-
Amédée plus glorieux, plus digne et plus habile.

Satisfaire à ses devoirs de souverain dynastique et servir
du même coup les intérêts de son royaume, était son beau
rêve. Bref, en prévision d'événements possibles, sinon pro-
bables, les garnisons de Piémont et de Savoie étaient ren-
forcées et le Trésor rempli par un emprunt.

Ces mesures militaires surprirent la cour de France.
Dumouriez, à son arrivée au ministère des affaires étrangères, demanda à Turin des explications au sujet de cette
attitude extraordinaire, afin que « la nation ne soit plus
incertaine sur le nombre de ses ennemis (1) ». On lui
répondit que « Sa Majesté avait déjà donné des marques
de son désir d'entretenir la bonne harmonie et le bon voi-
sinage et qu'Elle désirerait que le même désir fût témoigné
par les Français ». Comme confirmation, dès le lendemain,
le roi de Sardaigne assurait, par une lettre personnelle à
Louis XVI, ses intentions très pacifiques à l'égard de la
couronne de France. Les rois ménageaient ainsi les apparences, en échangeant des protestations d'amitié, tandis que
leurs ministres, qui veillaient à la sûreté de l'Etat, cherchaient à se garantir contre toute surprise. On en était
là quand la cour de Turin reçut l'avis que M. de Sémonville était désigné comme ambassadeur pour remplacer
M. de Choiseul. Le choix de M. de Sémonville n'était pas
fait pour calmer les inquiétudes de Victor-Amédée. Notre
nouveau représentant avait acquis à Gênes la réputation
d'un révolutionnaire fanatique, actif et intrigant ; il passait
pour travailler à soulever l'Italie et avait été depuis longtemps dénoncé au gouvernement de Turin par les émigrés
qu'il persécutait. Le nom seul de Sémonville arracha à
Victor-Amédée des protestations indignées. Sous prétexte
que sa nomination ne lui avait pas été notifiée dans les

---

(1) Lettre du 21 mars 1792.

formes, il envoya immédiatement l'ordre au gouverneur d'Alexandrie d'arrêter notre envoyé. C'était le 19 avril. Dumouriez porta l'incident à la tribune de l'Assemblée. Celle-ci se montra vivement irritée de cette « violation du droit des gens » et demanda une réparation éclatante.

Dumouriez promit tout et, en réalité, essaya d'arranger les choses en faisant traîner les négociations en longueur. Il proposa de remplacer Sémonville par Audibert-Caille, fort modéré d'opinions, et fit agir auprès du roi de Sardaigne le baron Trichetti, alors à Paris. Turin ne fit aucune réponse et se contenta de faire espérer les passeports à notre ambassadeur.

Enfin, le 2 juillet, quand Victor-Amédée se crut en mesure de rompre ouvertement, le comte Viretti, secrétaire du roi, déclara « qu'il était impossible d'entrer en négociations avec un gouvernement fondé sur le sable, au moment où la France était au bord de l'abîme et touchait à sa destruction ».

A ces provocations, la France répondit en augmentant ses armements. Deux armées furent créées — celles de Nice et de Savoie — pour « s'emparer des possessions des Sardes jusqu'aux Alpes ».

Qu'était alors l'île de Sardaigne ? Depuis 1720, elle appartenait aux princes de Savoie, qui l'avaient échangée contre la Sicile, et, dès lors, elle n'avait jamais eu d'autre importance que celle d'un Etat tributaire que l'on peut pressurer à plaisir et dont la prospérité ou le malheur n'intéressent que le Trésor royal. La sollicitude des rois ne s'étendait pas au delà de l'Italie du Nord, qui excitait toutes leurs convoitises. Charles-Emmanuel lui-même, malgré son libéralisme, avait oublié la malheureuse île et n'y avait introduit que quelques réformes insignifiantes. La Sardaigne n'était vraiment qu'une dépendance de la couronne de Piémont, abandonnée à une administration déplorable et d'ailleurs impuissante. En ce pays délaissé il fallait se

faire justice soi-même et se défendre contre les bandits.
Les tribunaux y étaient inconnus, la justice ne s'y rendait
pas. Nulle autorité ne protégeait, dans les campagnes, les
récoltes des paysans contre le pillage à main armée. Les
champs étaient déserts et le commerce insignifiant. Le peuple souffrait, la misère sévissait partout et, malgré les per-
sécutions des collecteurs d'impôts, les Sardes ne pouvaient
plus verser à la caisse royale.

L'exaspération qui avait gagné une grande partie de l'île
ne faisait que s'accroître par tant d'incurie administrative.

Au moment de quitter ses fonctions, après avoir déployé
inutilement son zèle et ses talents, le vice-roi de Sardaigne
écrivait en 1790 :

« La nomination de mon successeur me causerait un
plaisir sans mélange si je laissais à la Sardaigne le souvenir de mon zèle pour le service de Sa Majesté et de l'intérêt qu'Elle m'a inspiré pour les différentes parties de mon
règne. Mais malheureusement mes soins, suivis des intentions les plus pures, ne me donneront la satisfaction que
de la quitter sans remords... Mon zèle est sans bornes, mais
il n'aboutit à rien. C'est l'aveu que ma conscience fait à
Sa Majesté... J'offre de la troupe pour arrêter les malfai-
teurs, pour imposer aux factions turbulentes, pour faire
respecter l'autorité : on ne l'accepte pas ; on se borne à des
procédures qui sont le plus souvent mal faites et finissent
par être oubliées. »

Les souffrances et le mécontentement du peuple suffisaient pour rendre la Révolution française compréhensible
à tous d'une façon éclatante. Le paysan qui gémit sous le
poids d'un régime fiscal qui l'oppresse au profit d'un seul,
le citoyen persécuté qui demande justice et aspire à devenir
libre, comprennent instinctivement les avantages des principes de 1789 et éprouvent une soif ardente de liberté,
d'égalité et de fraternité.

Les fautes d'un gouvernement qui favorisait tous les

abus n'ouvraient pas mieux les voies à la Révolution que les traditions mêmes du pays. Le peuple sarde avait joui autrefois de larges libertés dont l'esprit républicain imprégnait encore la plupart des usages et animait les aspirations individualistes des habitants des campagnes. L'indépendance était naturelle au Sarde. Tandis que l'Europe gémissait encore sous le joug féodal, la République florissait en Sardaigne et lui donnait la plus grande prospérité. L'isolement permet à une île de vivre et de se développer à sa guise, de suivre une destinée indépendante à l'abri des influences extérieures ; mais cet isolement aussi est une cause de faiblesse qui fait des insulaires le jouet des nations ambitieuses.

C'est ainsi que la Sardaigne avait subi des vexations sans nombre et vu se succéder toutes les dominations étrangères. Par bonheur, celles-ci avaient toujours manqué de l'énergie nécessaire pour abâtardir un pays. Les vicissitudes de ces gouvernements éphémères sauvegardaient la liberté de l'île, qui, chassée de la périphérie, se réfugiait au cœur des terres. L'étranger impuissant blessait seulement l'amour-propre du Sarde, et c'est avec raison que le peuple s'irritait de n'être considéré qu'en vertu de sa valeur d'échange et de l'importance des tributs qu'il pouvait apporter.

La Sardaigne était impatiente du joug des rois ; mais affaissée, sans volonté politique, elle subissait l'état de choses du moment. Pour désirer un changement de régime et des réformes profondes ou pour vouloir conquérir l'indépendance, il manquait à la Sardaigne un homme tel que Paoli, qui eût éveillé les énergies des opprimés et les eût groupées en un faisceau puissant.

Lors de l'expédition française de 1792, l'île eût accepté avec joie le régime républicain, qui aurait renoué les traditions interrompues. Elle eût même demandé son annexion à la France si Truguet avait pu s'emparer de Cagliari.

La Sardaigne aurait vite oublié que la langue et le vague personnage qu'était le vice-roi étaient les faibles liens qui l'unissaient au Piémont.

Il ne faut donc point s'étonner si les Sardes n'opposèrent qu'une molle résistance à nos armes, et vraiment il n'est dû qu'à un concours malencontreux de circonstances que la Sardaigne n'ait formé alors avec la Corse une citadelle française inexpugnable au sein de la Méditerranée.

Les projets de Buttafoco et de Constantini. — Leur origine. — Le projet de Constantini est adopté par le Conseil exécutif. — Caractère de l'expédition de Sardaigne.

L'indifférence que la Sardaigne avait vouée à la maison de Savoie avait frappé tous les Français qui avaient séjourné dans l'île, et beaucoup avaient rêvé de la voir annexer à la France. L'expédition de Sardaigne hantait l'esprit des faiseurs de plans militaires.

En février 1791, le royaliste Buttafoco attirait l'attention sur l'île-sœur de la Corse. Il vantait les avantages de réunir sous un même gouvernement la Corse et la Sardaigne. Il prônait la politique des Romains, qui avaient fait de l'une une lieutenance de l'autre et donné un exemple à suivre.

Matteo de Buttafoco était né à Vescovato en 1731. Colonel du Royal-Corse en 1765, il était l'homme de confiance de Choiseul, qui lui avait accordé de grosses gratifications pour ses voyages en France et ses déplacements dans l'île. « Si quelqu'un, écrivait-il à Choiseul le 19 janvier 1768, est réellement employé en Corse depuis près de quatre années, c'est bien moi. » Le 18 décembre suivant, il demandait et obtenait, en récompense de ses vingt-six années de services, le grade de brigadier.

Le 1er octobre 1769, il devenait colonel du régiment de Buttafoco, recruté exclusivement parmi ses compatriotes. Quand ce régiment rentra en Corse pour y former le régiment provincial, Buttafoco en fut l'inspecteur. Enfin, il était nommé maréchal de camp l'année suivante.

Buttafoco jouissait donc de l'influence que donnent de nombreuses et brillantes années de services. Son plan ne pouvait passer inaperçu. Il préconisait tout un système où la Corse jouait le rôle le plus important. Il fallait raffermir dans celle-ci l'autorité royale d'une façon toute particulière et y puiser tous les éléments nécessaires pour la conquête de la Sardaigne. Ne pouvait-on pas porter le régiment provincial au complet et l'utiliser ensuite ? Ne devait-on pas compter sur des volontaires tirés des troupes de ligne et de gardes nationales ? On formerait ainsi un corps expéditionnaire de 2.000 hommes environ, petit par le nombre, mais vaillant et capable de s'emparer de Cagliari. Et, naturellement, Buttafoco n'oubliait pas de proposer comme chef de l'expédition un de ses parents, le maréchal Gaffori, son beau-père, qui connaissait fort bien la Sardaigne pour l'avoir longtemps habitée.

Le projet de Buttafoco allait être repris par les révolutionnaires corses. Ils savaient les misères du peuple sarde. Ils n'ignoraient pas qu'une révolution avait éclaté à Sassari en 1780. Ils pensaient que la Sardaigne était toute disposée et toute préparée à accepter nos nouvelles institutions. Ils comptaient sur la propagande des démocrates du pays, sur la campagne active d'émissaires qu'on y pouvait envoyer et qui rendraient inutiles les effusions de sang. Dès février 1792, Aréna écrivait à Césari :

« Si le roi de Piémont entre dans la ligue contre la France, il ne serait pas mauvais de lui faire comprendre que les Corses pourraient aller jeter le trouble dans ses possessions de Sardaigne. »

Aréna savait que le Trésor piémontais s'alimentait en Sardaigne et que c'était là que Victor-Amédée puiserait au besoin les approvisionnements de bouche pour ses troupes du continent. La guerre n'était pas encore déclarée qu'Aréna supputait les avantages qu'on pouvait retirer d'une descente en Sardaigne.

Deux mois plus tard, un électeur à Bonifacio, Antonio Constantini, présentait aux pouvoirs publics un *Mémoire contenant des moyens contre le roi de Sardaigne, propres à former un plan d'attaque.*

Constantini était un ancien marchand de grains à Sassari, intrigant et aventureux.

Envoyé à l'Assemblée législative par Bonifacio, sa ville natale, il se distingua parmi les ardents patriotes et occupa bientôt une situation en vue. Membre du club des Jacobins, ami du journaliste Loustallot, auprès duquel il jouissait de quelque influence, désireux de se signaler par son zèle révolutionnaire, il ne négligea rien pour faire aboutir son projet.

Tandis que Buttafoco convoitait la Sardaigne pour établir plus fortement notre domination en Méditerranée et doubler la valeur militaire de la Corse, Constantini ne désirait qu'une diversion destinée à jeter le trouble et l'embarras dans les préparatifs de la maison de Savoie. Il rêvait surtout la guerre aux rois pour le triomphe des idées révolutionnaires, et l'idée de conquête ne se présentait pas encore nettement à son esprit. L'occupation de la Sardaigne devait nous donner seulement les bœufs et les chevaux nécessaires à l'armée du Midi et ainsi nous favoriser dans les opérations principales qui auraient lieu dans les Alpes et jusqu'au cœur même du Piémont. Comme Buttafoco, Constantini estimait qu'on trouverait en Corse les ressources militaires suffisantes pour entreprendre cette expédition avec succès. Au moment où la Révolution française faisait un effort prodigieux contre les rois coalisés, il pouvait paraître avantageux et séduisant aux adeptes de l'ordre nouveau d'employer une force jusque-là inutilisée et d'appeler pour la première fois les Corses dans les rangs des armées révolutionnaires.

« J'ai trouvé, dira Salicetti, le Conseil exécutif très peu satisfait des faibles efforts avec lesquels nos compatriotes concourent à la défense commune. Les bataillons de Volontaires n'ont pas encore paru dans le continent (1). »

Et Antonio Constantini écrivait le 14 mai 1792 :

« Les dispositions de la cour de Turin se sont suffisamment manifestées envers les Français libres, par les rassemblements de troupes ennemies qu'elle a réunies aux siennes sur les frontières du côté de la France, pour que l'on puisse, sans blesser le droit des gens, prévenir leurs mesures hostiles en employant sur-le-champ des moyens offensifs...

» En considérant la nation française comme devant agir offensivement contre le roi de Sardaigne — question que l'Assemblée nationale et le Conseil exécutif sont seuls en état de discuter et de juger — il se présente deux moyens faciles et peu coûteux de lui porter un préjudice notable dans ses finances, qui tournerait à notre avantage.

» Le premier consiste à attaquer Nice...

» Le second consiste à faire effectuer une descente dans l'île de Sardaigne par les troupes et les gardes nationales de l'île de Corse, qui se chargeraient de cette opération avec enthousiasme, d'après la rivalité, la haine même qui a de tout temps existé entre les habitants de ces deux îles.

» Elles ne sont séparées l'une de l'autre que par un bras de mer de trois lieues, rien ne s'opposerait à la descente, et il est aisé de calculer le fruit que l'on pourrait en retirer si l'on considère que la Sardaigne fournit de superbes chevaux à toute l'Italie et qu'elle renferme une prodigieuse quantité de bœufs et d'autre bétail.

» On pourrait donc, en faisant quelques sacrifices pour assurer cette expédition et lui donner la plus grande célérité, disposer secrètement beaucoup de bâtiments propres au transport des chevaux et des bœufs et les faire monter

---

(1) Lettre de Salicetti à Bonaparte, le 9 janvier 1793 (Arch. dép.).

par les gardes nationales du Gard et des Bouches-du-Rhône, qui joignent à une bravoure et à un patriotisme éprouvés l'intérêt particulier de leur position.

» Ces bâtiments se rendraient en toute diligence dans le détroit de Bonifacio, où ils recevraient les troupes et les gardes nationales de Corse. La descente s'effectuerait aussitôt, et il est probable qu'elle serait suivie d'un heureux succès, si le secret et l'activité des préparatifs, répondant à l'ardeur des soldats de la patrie, ne laissaient pas aux Sardes le temps de réunir des forces suffisantes à leur opposer.

» Ce moyen procurerait une cavalerie imposante à notre armée du Midi et la pourvoirait en abondance de tous les bœufs nécessaires à sa subsistance. »

Ainsi Constantini voyait dans le secret et la rapidité des préparatifs les conditions essentielles du succès. Ignorait-il l'organisation embryonnaire des bataillons de Volontaires ? Ne faisait-il pas fond, et beaucoup trop, sur l'enthousiasme de ces soldats improvisés ? Que valaient, pour entrer en campagne, quelques bergers corses sans instruction militaire d'aucune sorte ? Pouvait-on compter sur des marins qui étaient hier des paysans de Provence ? « L'enthousiasme ne pouvait suppléer à tout », ainsi que le disait Paoli. Il fallait organiser d'abord et, de ce fait, on perdait le bénéfice du secret et d'une attaque inopinée. Puis Constantini proposait comme point de rassemblement Bonifacio ; il avait tort de penser à sa ville natale. Sans doute ce bourg est à proximité de la Sardaigne, mais il ne présente aucune des conditions requises pour pouvoir y concentrer des troupes. La réunion seulement de tous les approvisionnements nécessaires eût présenté des impossibilités matérielles insurmontables. A l'époque, tout le transport en Corse se faisait à dos de mulet et il n'existait que deux sentiers réunissant Bonifacio à Sartène et à Porto-Vecchio. Bien plus, il eût même été impossible d'y emmagasiner tous les impedimenta utiles à l'armée qui devait opérer en Sardaigne.

Mais le plan de Constantini devenait difficilement exécutable quand il proposait d'entreprendre les opérations par le nord de la Sardaigne.

« Il convient, disait-il, de commencer par s'emparer des îles de la Maddalena et celles adjacentes appelées les Bouches de Bonifacio ; un fort, du canon et quelques troupes empêchent le passage de nos vaisseaux entre la Corse et la Sardaigne. Ces îles ne sont pas difficiles à conquérir parce que les habitants, d'origine corse, seraient flattés d'être unis à cette île et, par suite, à la France (1).

» Il faudrait s'emparer en même temps de la demi-galère sarde qui séjourne dans le port de ces petites îles et de quelques autres petits bâtiments qui gardent les côtes de Sardaigne.

» S'emparer en même temps du château de Longo-Sardo, situé vis-à-vis de la côte de Bonifacio. Il y a du canon et fort peu de troupe ; cet endroit assure le séjour de nos vaisseaux dans ce port et le débarquement de nos troupes en cas de besoin. Se ménager des intelligences secrètes avec les habitants de la ville de Tempio, qui est située à dix lieues de la mer ; elle est munie d'une garnison peu nombreuse. Ce qu'il y a à craindre pour le succès de l'entreprise, ce sont les Sardes mêmes, que la politique de Turin soudoie pour se les attacher ; mais il est aisé de les détacher par ce même moyen en formant d'abord des régiments sardes, dont les emplois seraient donnés aux individus qui se montreraient les plus disposés pour la France. On suivrait la même méthode pour tous les villages qui l'entourent.

---

(1) La France possédait des droits effectifs sur les îles des Bouches. Les actes de l'état civil, les cahiers de baptême, en particulier, étaient enregistrés à Bonifacio; mais, par indolence, elle se laissa frustrer de ces îlots importants au point de vue militaire.

» S'emparer aussi des petites villes situées, l'une sur la droite de Tempio, appelée Terranova, et l'autre sur la gauche appelée Castel-Sardo.

» Cette dernière est une place de guerre située sur un rocher et au bord de la mer. Il sera un peu difficile de la prendre si l'on ne parvient pas à se ménager des intelligences dans la place ; mais on peut la bombarder par la mer.

» On marcherait ensuite en droiture à la ville de Sassari, très peuplée ; elle a un régiment de garnison en temps de paix, mais le bourgeois est mécontent du gouvernement. Par ce moyen, il n'est pas difficile de s'y ménager ou d'y entretenir des intelligences. Il serait bon aussi de sonder leurs dispositions pour la Révolution française par une profusion de notre constitution en langue sarde.

» Dans le cas où l'usage d'une force armée deviendrait nécessaire, elle doit être de 12.000 hommes, c'est-à-dire 6.000 hommes de troupes de ligne et 6.000 volontaires nationaux dont 2.000 Corses. En mettant le siège à cette ville, on s'emparerait de la moitié de la Sardaigne.

» D'ailleurs on y parviendrait encore par un blocus, parce que, tirant tous ses approvisionnements des campagnes voisines, il serait facile de lui couper les vivres, et notre armée en trouverait abondamment, étant maîtresse d'une campagne qui en a une grande quantité.

» De là on marcherait sur Alghero, ville de guerre, sur les bords de la mer ; quoique moins peuplée que Sassari, elle est d'une prise plus difficile ; elle a toujours un régiment en garnison et est assez bien fortifiée, mais on peut s'y faire un parti et lui couper les vivres qu'elle retire de la montagne.

» Cette place prise, on est assuré de la conquête de la capitale, Cagliari ; il faudrait y marcher avec toute la troupe qu'on aurait à sa disposition et avec les Sardes qu'on aurait pu gagner.

» Elle est la résidence du vice-roi. Il est très possible de s'y faire un parti avec de l'argent ; dès qu'on serait parvenu à s'y loger, les autres villes de montagne et les villages feraient peu de résistance et, dans un mois, on pourrait occuper la Sardaigne.

» Pour donner à ce plan toute son exécution, il faut faire passer rapidement en Corse toutes les troupes nécessaires et les tenir prêtes à débarquer en Sardaigne, entretenir des vaisseaux vers les ports de Nice et de Livourne pour empêcher le roi de Sardaigne de porter secours à cette île, soit en troupes, soit en munitions.

» Ces mesures prises, une armée médiocre s'en rendrait maîtresse, y trouverait les ressources nécessaires pour y subsister et n'aurait besoin, pour le reste, d'autres impositions que celles qui existent du gouvernement sarde.

» Il faudrait aussi, pour préparer les effets de ce plan, envoyer dans la Sardaigne des citoyens affidés connaissant bien le pays, les moyens de le préparer à une insurrection et ceux de la soutenir à notre avantage en la combinant avec la force qu'on ferait marcher en temps utile.

» Ainsi le sieur Constantini, dont les connaissances du pays sont très familières par le long séjour qu'il y a fait, et dont le zèle et le feu pour le succès de nos armes sont hors de doute par les sentiments vrais et énergiques de liberté et d'amour pour la Constitution dont il a fait profession, pourrait remplir dans cette contrée une mission très avantageuse dans la situation actuelle des choses.

» Il s'offre de s'y consacrer entièrement si le gouvernement veut le revêtir d'un caractère public. »

Constantini présentait l'affaire fort habilement et sans s'oublier. S'il faisait montre d'une grande connaissance du pays, il avait tort de ne voir dans cette expédition qu'une promenade militaire, facilitée par les menées de nos agents politiques.

Il admettait le procédé de proclamations et d'intrigues à

la mode à cette époque, où chacun se piquait d'idées philosophiques et estimait que la philanthropie faisait partie des combinaisons militaires.

En proposant au Conseil exécutif la descente en Sardaigne, Constantini ne faisait qu'amplifier et adapter aux circonstances et au temps le projet de réunir à la Corse les îles intermédiaires des Bouches de Bonifacio.

La France avait hérité de Gênes des droits effectifs sur cet archipel. Personne n'avait jamais contesté ces possessions à la Sérénissime République ; mais, au mois d'octobre 1767, pendant la lutte de Paoli contre Gênes, les Sardes, ou les Savoyards, comme on disait en Corse, occupèrent la Maddalena et Caprera, au nom de Charles-Emmanuel III.

Les ministres français ne comprirent pas la valeur de ces quelques îlots rocheux et ne voulurent pas s'engager dans des négociations qui auraient pu compromettre nos bonnes relations avec une cour amie et alliée.

Le commissaire des ports et arsenaux en Corse Regnier du Tillet, le commissaire des guerres à Bonifacio Millin de Grandmaison, l'assesseur civil et criminel de Bonifacio Santi, le consul de France à Cagliari Durand, le secrétaire du commandant des troupes à Bastia Lebègue de Villiers, essayèrent bien de secouer l'indolence du cabinet de Versailles : ce fut en vain. A leur tour, en 1783, les habitants de Bonifacio, dans une déclaration solennelle, accusèrent le roi de Sardaigne de s'être emparé par la force, et au mépris de tous les droits, des îles de la Maddalena.

Le marquis de Ségur, alors ministre de la guerre, prit fait et cause pour les Bonifaciens et demanda au ministre des affaires étrangères Vergennes d'exiger la restitution de ces îles, puisqu'elles appartenaient sans contredit à la France.

Vergennes refusa de poser la question à Turin ; il craignait de déplaire à la maison de Savoie. Les cahiers des

Etats généraux allaient de nouveau poser la question. La noblesse de l'île de Corse demanda, dans son cahier de doléances et de représentations, que la Maddalena, Caprera et San-Stefano fussent annexées à la Corse, dont elles sont la « prolongation » naturelle.

Elle décida que le maréchal de camp Buttafoco, qu'elle avait député aux Etats généraux, « serait muni des renseignements nécessaires pour prouver la justice de cette demande et mettre Sa Majesté dans le cas de faire valoir son autorité royale pour recouvrer cette partie de son empire ».

Les Bonifaciens aussi n'oublièrent pas de charger Constantini de solliciter la « reprise et possession » des Buccinaires : deux des îlots les plus voisins de la Corse et incontestablement français étaient occupés, l'un — le Cavallo — par les agents du gouvernement sarde, l'autre par les héritiers d'un sieur Trani. Il fallait, disaient les Bonifaciens, que le droit se fît coûte que coûte. Mais, une fois de plus, Montmorin, ministre des affaires étrangères, pour ménager les susceptibilités de Turin, fit la sourde oreille et répondit à son collègue de la guerre Duportail qu'il ne convenait pas « d'établir une discussion pour quelques rochers auxquels une communauté de la Corse n'avait pensé sérieusement que depuis quelques années ».

Quoi qu'il en soit, Salicetti, en bon Corse, donna son approbation au *Mémoire* et insista sur les profits qu'on retirerait d'une descente dans « une des parties les plus précieuses » des Etats du duc de Savoie.

« Je regarde, ajouta-t-il, l'exécution de ce projet comme sujette à peu de difficultés, eu égard à la faiblesse des moyens de défense du roi de Sardaigne et au peu d'attachement des naturels au gouvernement actuel. Je pense même que, si l'on parvient à combler les deux ports de Cagliari et de Sassari (1). il sera difficile au tyran de Sardaigne d'y

---

(1) Salicetti parle de Porto-Torres, port de Sassari.

rétablir son pouvoir. D'après toutes ces considérations, animé du zèle le plus pur pour la défense de la Constitution, je vous propose de donner les ordres nécessaires pour l'exécution du projet, pour le succès duquel il ne nous faudrait que des munitions, quelques bâtiments de guerre et quelque secours en argent ; pour tout le reste, comptez sur le courage et le patriotisme des citoyens de ce département (1). »

Si Salicetti estimait qu'une diversion puissante en Sardaigne obligerait le Piémont à détourner des Alpes une grande partie de ses forces, il désirait surtout, par amour-propre, que sa petite patrie ne restât pas étrangère à l'enthousiasme qui transportait le peuple français aux frontières des rois. Il ne voulait pas perdre l'occasion de se faire décerner un brevet de civisme en dépouillant un tyran et en versant du sang corse pour le salut de la France révolutionnaire, cette patrie adoptive des nations éprises de liberté.

L'ex-député Péraldi appuya à son tour de son autorité Constantini et Salicetti, si bien que le *Mémoire* obtint l'approbation de Carnot le 23 juillet. Dès ce moment on put le considérer comme adopté par le Pouvoir exécutif, et, vers la fin du mois de septembre, l'expédition était résolue en principe.

Au moment où le Conseil exécutif provisoire décidait l'entreprise, le déficit financier se faisait déjà sentir en France. Les espèces monnayées devenaient rares et le Trésor ne suffisait plus pour faire face aux dépenses de la guerre continentale. Il était urgent de créer des ressources afin de suppléer à la pénurie des moyens. Des considérations d'intérêts allaient inspirer les nouvelles décisions du Conseil exécutif ; les instructions destinées à Truguet et à d'Anselme laissent entrevoir nettement, à travers le désir

---

(1) Lettre datée de Corté, le 17 juin 1792.

de propagande, le dessein bien arrêté de retirer de l'expédition les plus grands avantages matériels. Les « généraux » avaient l'ordre d'annoncer aux populations sardes que « les Français, libres du joug des rois », venaient leur offrir amitié, aide et assistance et leur permettre ainsi de vivre sous une forme de gouvernement basé sur la justice et la raison et traduisant l' « expression de la volonté générale ».

Mais, à côté de ces devoirs des ardents révolutionnaires, il y avait les intérêts plus pressants de l'Etat ; il était urgent de s'emparer au plus tôt, au nom de la République, des blés, des caisses et deniers, des munitions de guerre, des provisions de bouche, vins, salaisons, chevaux et bêtes à cornes, et de faire transporter le plus vite possible ces prises à Toulon et à Marseille. Voilà le vrai but de l'expédition. Le désintéressement du prosélytisme révolutionnaire cède le pas à des considérations d'intérêts primordiaux. « L'état de guerre ouverte où la République française se trouve avec le roi de Sardaigne lui donne le droit de diminuer les forces de ses ennemis par tous les moyens que la guerre autorise. »

Le Conseil exécutif affirmait d'une façon énergique que le salut de l'Etat prime tout.

C'était déjà l'application de la théorie de la raison d'Etat révolutionnaire que Carnot allait exposer magistralement dans son rapport sur les principes en matière de réunion (1).

L'expédition de Sardaigne marque ainsi une étape entre les guerres de conquêtes et les guerres d'affranchissement et de propagande.

----

(1) Cf. SOREL, L'Europe et la Révolution française, tome III.

III

Les dispositions du Pouvoir exécutif. — Truguet et d'Anselme. —
M. Péraldi dépêché à Paoli. — Etat de l'opinion en Corse. —
Attitude de Paoli.

Afin de mettre ses décisions à exécution, le Comité exécutif provisoire invita les ministres de la guerre et de la
marine à se concerter sur les moyens à prendre et les forces
à employer — 30.000 hommes environ — pour mener à
bonne fin l'entreprise, de concert avec les habitants de la
Sardaigne.

« Un ou deux commissaires du Pouvoir exécutif devaient
être nommés pour s'embarquer sur un des bâtiments
de guerre de la République, qui transporterait quelques
portions desdites forces, lequel serait chargé, avant qu'il
fût question d'aucun débarquement des troupes françaises
sur l'île, de tâcher d'entrer en négociations avec les prin-
cipaux chefs de ses habitants, pour convenir des conditions auxquelles la République leur accorderait sa protection et leur fournirait les forces nécessaires pour, d'un
commun accord en tout et partout, défendre leur pays
contre les ennemis qui oseraient l'attaquer et contribuer
au bonheur de la nation sarde en tout ce qui dépendrait
d'elle (1) ».

En vertu de l'arrêté du Conseil exécutif provisoire, les
commissaires désignés furent Barthélémy Aréna et Marius
Péraldi.

C'étaient deux Corses, anciens membres de l'Assemblée
législative : l'un, « intrépide défenseur du peuple », intrigant, rapace, remuant et ennemi juré de Paoli ; l'autre,

---

(1) Article 2 de l'arrêté du Comité exécutif provisoire.

colonel de la garde civique d'Ajaccio, ayant joué un rôle le 10 août, actif, énergique, d'une intelligence remarquable, de vieille noblesse et de digne simplicité. Barthélémy Aréna fut envoyé auprès du général d'Anselme, commandant l'armée du Midi, pour lui remettre l'instruction qui lui était destinée. Marius Péraldi devait aller à Corté ; « personne sûre, il devait engager Paoli à réunir tous les moyens qui pouvaient être à sa disposition pour l'entreprise projetée (1). »

Retenu, pendant son voyage, quatre jours à Avignon par une inondation de la Durance, Péraldi y apprit les préparatifs d'armement qu'on faisait dans les Bouches-du-Rhône. Cette nouvelle le détermina à aller conférer à Marseille avec les trois corps administratifs. On lui fit un accueil cordial, on l'accabla de promesses, tant et si bien que Péraldi emporta de cet entretien l'impression la plus optimiste. Il se hâta d'en faire part à Servan. « Rien, lui écrivit-il, n'a échappé à la prévoyance et au zèle des dignes et braves citoyens de cette ville, qui toujours acquièrent de nouveaux droits à la reconnaissance publique. Tout sera prêt à mettre à la voile à la fin du mois (2). »

Les événements ont donné la mesure de l'erreur que le commissaire du gouvernement, en Corse, venait de commettre en se laissant prendre aux bonnes paroles des corps administratifs de Marseille.

Le 6 octobre, Péraldi arrivait à Toulon. Il y rencontrait le citoyen Pache et profitait de l'occasion pour discuter longuement le plan de Constantini. Le mauvais temps et les orages, fit remarquer Péraldi, sont très fréquents dans cette saison, en Méditerranée. Il y a donc intérêt à profiter du premier beau temps pour transporter les troupes du continent en Corse. Ajaccio possède toutes les conditions

---

(1) Décret du 1er octobre 1792.
(2) Lettre de Péraldi à Servan, de Toulon, 7 octobre 1792.

requises pour devenir le point de concentration et la base
de ravitaillement de la flotte. La campagne environnante
peut fournir des vivres en assez grande abondance ; d'autre part, le port est sûr et les vaisseaux de ligne trouvent
dans le golfe un excellent mouillage.

L' « armement marseillais » y pourrait attendre le beau
temps et s'y grossir de l'effectif des troupes de Corse
avant de faire voile vers la Sardaigne.

Péraldi ajoutait : « C'est à Ajaccio que le général
pourra le plus aisément arrêter son plan de campagne et
décider d'une attaque de Cagliari coïncidant avec une descente vers l'île de la Maddalena, ou s'arrêter à une fausse
démonstration dans les Bouches de Bonifacio pendant que
tout l'effort se porterait vers la capitale. »

Sans doute, ce projet, qui rapprochait la base d'opérations de la Sardaigne et permettait à Truguet de concerter
ses opérations sur place avec Paoli, pouvait paraître fort
séduisant ; il n'allait pas cependant sans de graves inconvénients. Il n'était guère possible de faire séjourner longtemps les Marseillais à Ajaccio.

L'esprit des Volontaires non aguerris, non disciplinés
et répugnant aux expéditions lointaines, se serait vite aigri
dans l'inaction et énervé dans l'attente. Isolés, loin des
leurs, dans une île sans grandes ressources et qui leur
était étrangère par les mœurs et la manière d'être des habitants, — les Volontaires, arrachés à leur pays, n'eussent
pas tardé à être la proie du spleen qui amollit les cœurs.
D'ailleurs, ce corps expéditionnaire si mal composé eût été
fort mal accueilli, et son séjour en Corse aurait eu de funestes conséquences. En tout cas, il fallait épurer d'abord
la phalange marseillaise avant de la laisser quitter les côtes de Provence ; c'était là le point capital, celui que personne ne percevait encore et que des faits lamentables devaient mettre au jour pour la honte de nos armes.

Quant à Truguet, il lui était avantageux de combiner

son plan à Ajaccio, sitôt son expédition d'Oneille terminée. De la sorte, il supprimait les retards de la correspondance par mer et pouvait peut-être exercer une influence décisive sur l'inaction de Paoli. Il aurait aussi évité les reproches justifiés et violents de Belleville pour ses retards à la Spezzia.

« La vérité, dira celui-ci, est que voilà vingt-sept jours que Truguet reste ici avec une division de la flotte, tandis que le reste demeure également oisif, au golfe de la Spezzia ; que ce temps passé à aller au bal aurait pu être employé d'une autre manière. On aurait pu enlever les cinq bateaux russes qui sont à Livourne, au lieu de faire danser les dames gênoises, et, au lieu de leur prendre les tétons, on aurait pu prendre la Sardaigne. Ça aurait été presque aussi facile et beaucoup plus glorieux et surtout plus avantageux à la République. Qu'est-il arrivé de tout cela ? On n'a rien fait, et on m'a empêché de faire (1). »

Le Conseil exécutif avait primitivement songé à donner à Paoli le commandement des troupes de débarquement. On croyait d'abord que l'appoint des Volontaires de Provence était inutile et que les troupes de la 23° division, avec quelque artillerie venue du continent, suffisaient pour entreprendre l'expédition avec succès. Le départ de Péraldi, les observations de B. Aréna, les rapports secrets faits sur le chef corse, allaient modifier les premières intentions du Pouvoir exécutif. D'ailleurs Paoli était un médiocre général. C'était surtout un homme politique dont la présence semblait indispensable en Corse. Il avait une profonde connaissance du pays, il jouissait d'une considé-

---

(1) Lettre de Belleville à un inconnu, 26 novembre 1792, à bord du *Languedoc*.

Belleville avait été attaché au ministre plénipotentiaire de Gênes, Naillac. Il devait aller à Constantinople avec Sémonville. Ce fut ce dernier ou Naillac qui le chargea de la négociation avec le gouvernement napolitain. Il fut, plus tard, consul à Livourne. Il a assisté à l'expédition de Cagliari, à bord du *Languedoc*.

ration et d'une influence telles que nul ne pouvait le remplacer.

A la place de Paoli, on songea à mettre d'Anselme ; il
occupait maintenant le comté de Nice ; il semblait pouvoir
tourner son activité et ses talents, soit vers le Piémont, soit
vers la Sardaigne, s'il le jugeait à propos.

Néanmoins, le Conseil exécutif le laissait libre de confier
la direction des opérations contre Cagliari à un officier
de son choix, dans le cas où il jugerait sa personne nécessaire sur le continent.

Le 24 octobre, Aréna communiquait à d'Anselme les instructions qui le concernaient.

Le Conseil s'en remettait aux mesures combinées de
d'Anselme et de Truguet. « Il voudrait que l'armée de
terre et de mer se grossît des Volontaires de Marseille et
des bâtiments de transport sur lesquels ils doivent s'embarquer ; qu'elle mît à la voile du golfe Jouan et fît route
vers l'île de Corse, en faisant recueillir à Bastia et à Calvi,
par des frégates et des transports, les troupes et les Volontaires corses que ces deux endroits pourraient fournir
contre les tyrans de Sardaigne.

» Les généraux descendraient à terre à Ajaccio et y feraient mouiller toute la flotte. Ils pourraient joindre à leur
armée 3.000 hommes de troupes de ligne ou Volontaires
corses qui sont répandus dans cette île ; ils écriraient en
conséquence au général Paoli et à l'ex-député Péraldi de
faire marcher ces troupes vers le port d'Ajaccio, où se ferait l'embarquement général. »

Marius Péraldi quitta Toulon le 10 octobre et arriva
le 17 à Corté. Il eut aussitôt une entrevue avec Paoli et
convoqua les autorités supérieures de l'île afin de se concerter sur les moyens à employer pour satisfaire aux volontés du Conseil exécutif provisoire. Il insista sur les es-
poirs qu'on avait fondés sur lui, sur tout le dévouement
qu'on attendait du commandant de la 23ᵉ division et de son

habileté à surmonter toutes les difficultés. C'était adroit d'avoir dépêché Péraldi à Corté, et Paoli fut très sensible à cette attention. Il appréciait hautement l'ex-député et l'avait déjà demandé à Servan comme aide de camp en des termes très flatteurs (1).

Auprès de Paoli intervint aussi l'ambassadeur Sémonville, alors de passage à Saint-Florent. Celui-ci nourrissait contre le roi de Piémont des ressentiments violents ; il se souvenait d'avoir été chassé du Piémont ; il était heureux d'animer la vengeance des Français.

« Le contre-amiral Truguet, écrivait-il à Paoli, s'adresse à vous avec confiance pour obtenir de la juste influence que vous avez dans votre pays les moyens d'étendre sur votre frontière l'empire de la liberté. L'escadre, mouillée aujourd'hui à la Spezzia, va faire voile pour la Sardaigne ; elle a besoin, pour assurer ses succès, des braves concitoyens du général Paoli ; le contre-amiral sait, comme tous

---

(1) Lettre de Paoli à Pache, ministre de la guerre : « Citoyen Ministre, j'avais proposé le citoyen Péraldi, commissaire provisoire du Pouvoir exécutif et ex-député à la Législative, pour adjudant général de la 23ᵉ division.

» Votre silence à cet égard me fait supposer avec raison que ma lettre ne vous est pas parvenue. Je vous réitère la présente, afin de vous solliciter l'expédition de sa commission. Je pourrais me dispenser de vous parler du mérite du citoyen que je vous propose, puisque son patriotisme et son ardent amour pour la République sont bien connus du Conseil exécutif et des membres de l'Assemblée législative, qui sont aujourd'hui à la Convention.

» La part très active qu'il a prise aux affaires publiques et surtout à la dernière révolution le met à portée de remplir les devoirs de sa place avec intelligence et avec succès. Ses connaissances sur les localités et l'activité avec laquelle il s'est employé à exécuter vos instructions sur l'expédition de Sardaigne, sont de nouveaux titres à la confiance du gouvernement. Depuis la première formation des gardes nationales civiques, il commande celles d'Ajaccio en qualité de colonel, et son patriotisme l'a toujours fait distinguer dans cette carrière. Je vous prie, en conséquence, de donner les ordres pour que sa commission soit expédiée, car cette place ne pourrait rester vacante pour plus longtemps sans nuire au bien du service. »

Paoli renouvela quatre fois la demande d'aide de camp en faveur de Péraldi.

Expédition de Sardaigne. 3

les Français, combien on est assuré de trouver dans les Corses d'ardents défenseurs de la liberté; il veut les associer à la gloire que la marine française, victorieuse de Nice et d'Oneille, va recueillir à Cagliari.

» J'ai cru vous plaire, Citoyen général, en me chargeant d'être, auprès de vous, l'interprète de cette demande; j'ai cru servir ma patrie en présentant, à celui qui depuis tant d'années a bravé le despotisme, une nouvelle occasion de déployer sa haine contre les tyrans... Mon désir me porterait à Corté. Si j'y suis nécessaire pour quelques explications, j'y vole ; si, au contraire, les lettres du contre-amiral vous suffisent, Citoyen, ainsi qu'au département, je quitterai la Corse avec le regret de n'avoir pas vu le créateur de sa liberté, mais avec la satisfaction de m'être trouvé un moment au milieu de ses concitoyens, dont je ne me sépare que pour leur sacrifier toute ma vie (1). »

L'entreprise, ajoutait-il, n'était pour la flotte française que l'occasion favorable de commencer une série de triomphes qui ne prendraient fin que sur les bords de la mer Noire, où l'on briserait l'ambition des czars (2), ennemis des sans-culottes.

L'opinion publique en Corse demandait-elle cette expédition ? Cela est peu probable, malgré des témoignages comme le suivant :

« Nous avons reçu avec plaisir la lettre qui nous annonce que la guerre est déclarée au roi de Sardaigne. Nous allons, en conséquence, forcer la municipalité de Bonifacio à la plus grande vigilance, et nous vous donnerons la main en tout ce qu'il sera en notre pouvoir (3). »

---

(1) Lettre datée de Saint-Florent, le 15 novembre 1792.
(2) Les Moscovites cherchent un établissement dans la Méditerranée. Ils profiteront des troubles pour s'introduire en Corse. (Buttafoco.)
(3) Lettre traduite de l'italien. des administrateurs du direct. de Tallano aux citoyens administrateurs, 3 novembre 1792 (Arch. dép.).

Sans doute des gens intrigants et jouissant d'une grande considération se prononçaient en faveur de l'expédition.; Marius Péraldi prétendait que le peuple exultait et que les Volontaires seraient nombreux qui s'armeraient pour faire la guerre aux tyrans.

« Je ne vous laisserai pas ignorer que les Corses pétillent de joie, lorsqu'ils ont appris que l'armement était dirigé contre la Sardaigne et qu'ils doivent faire partie de cette armée. Ce département se dépeuplera, s'il le faut, pour assurer le succès de l'entreprise. Il s'agit de rendre libres ses voisins et de combattre contre les rois et les tyrans : ce motif réveille le noble enthousiasme d'un peuple qui est accoutumé à combattre depuis des siècles pour la liberté et pour l'égalité (1). »

Joseph Bonaparte jurait qu'on attendait l'armée française « avec une espèce de fanatisme » et qu'une phalange corse se joindrait à elle pour marcher la première partout.

Buonarotti, un patriote fanatique (2), se présentait pour accompagner le corps expéditionnaire ; malgré que ses services aient été refusés, il voulait quand même avoir l'honneur de jeter la semence des doctrines nouvelles sur la terre sarde. Napoléon Bonaparte, comme son frère Joseph, se réjouissait de nos succès aux frontières et surtout du projet d'expédition en Sardaigne.

En vrai patriote, le futur Empereur haïssait les ennemis de la France, mais il songeait d'abord à l'occasion favorable qui s'offrait à lui de sortir de l'ombre. Participer à la campagne des Alpes, c'était risquer de disparaître dans la masse ; mais prendre part à l'expédition de Sardaigne, c'était s'assurer l'occasion de se mettre en relief dans un milieu favorable où il pouvait exagérer la valeur de ses

(1) Lettre de Péraldi, 17 octobre 1792.
(2) C'était un Florentin qui rédigeait, à Bastia, un journal violent et antireligieux, *Giornale Patriottico*.

services, sans compter qu'il ne lui était pas indifférent de jouir parmi ses compatriotes du prestige du nom de Bonaparte et du grade de lieutenant-colonel.

L'ambition calculée est déjà la note dominante de son caractère, le trait qui persistera et s'accusera avec les années. Il désirait se signaler et faisait part de ses espérances à son ami Nonzio Costa, dans sa lettre du 18 octobre.

« Les dernières nouvelles nous annoncent que les ennemis ont abandonné Verdun et Longwy, et qu'ils ont repassé le fleuve pour rentrer chez eux ; mais les nôtres ne s'endorment pas. La Savoie et le comté de Nice sont pris et la Sardaigne sera bientôt attaquée. Les soldats de la liberté triompheront toujours des esclaves de quelques tyrans. »

De leur côté, les voisins des Sardes, les Bonifaciens, affirment qu'ils reçoivent, de leurs amis de Sardaigne, les meilleurs encouragements et que les Républicains seront reçus comme des « anges tutélaires », comme des « évangélistes munis de la Bible sacrée ».

Le maire et les officiers municipaux de Bonifacio écrivent, le 7 novembre 1792, aux citoyens administrateurs du département :

« Nous sommes instruits par nos navigateurs, qui, à chaque instant, nous arrivent de Sardaigne, que les habitants craignent beaucoup les menaces qui leur sont faites par nos armées et que, s'ils voyaient seulement approcher un vaisseau national sur les côtes de leur île, ils se rendraient immédiatement à coup sûr, excepté la capitale et Alghero, qui font des préparatifs pour la défense (1). »

Les prêtres et les dévots désapprouvaient l'expédition. Ils craignaient pour les États du pape. Les révolutionnaires, disaient-ils, ne se borneront pas à conquérir la Sardaigne; leur activité ira grandissante chaque jour, ils ne tar-

---

(1) Arch. dép.

deront pas à demander un champ d'action plus vaste et à assigner Rome comme but à leurs nouvelles convoitises.

C'était l'occasion favorable, pensaient-ils, de rompre ouvertement avec un régime qui menaçait leurs consciences. Surtout il leur fallait combattre ces démons de Français qui discutaient fréquemment de l'opportunité de supprimer les frais de culte.

Paoli, par sa situation en Corse, était vraiment le maître des événements ; son attitude pouvait assurer le succès ou préparer l'échec de nos armes. Il concentrait alors tous les pouvoirs en ses mains. Président du Directoire départemental, commandant en chef des gardes nationales, il venait d'être nommé, par Servan, lieutenant-général commandant la 23e division militaire.

« C'était, dit M. F. Masson, la dictature. Faut-il s'en étonner, et n'était-ce pas le temps où, aux Jacobins, on proposait de lui déférer le commandement d'une des armées nationales ? » « Cet homme, usé par l'âge, d'une santé bien délabrée (1) », devenait le jouet des factions qui l'entouraient et lui reprochaient durement d'avoir accepté le grade de commandant de la 23e division.

En France, on avait cru s'attacher définitivement Paoli en l'investissant de ces hautes fonctions et gagner l'opinion publique en Corse ; c'était accorder trop de confiance à ce politique qui avait, à son passage à Paris, refusé cette même dignité des mains du roi et déclaré publiquement qu'il ne désirait plus que vivre en simple citoyen ?

« Un homme d'un renom si grand en Europe, qui avait combattu la France au nom de la liberté d'une antique nation, pouvait-il condescendre à accepter des fonctions de cette même France ? »

Donner un pouvoir aussi considérable à l'ancien chef

---

(1) Lettres de Péraldi à Servan, 17 octobre ; — de Paoli à Servan, 4 octobre 1792.

vénéré des Corses, c'était rendre la domination française populaire en la personnifiant en celui que ses compatriotes regardaient comme un demi-dieu, car les Corses ne voient que les personnes et non le régime qu'elles représentent.

Mais n'exagérait-on pas en cherchant à réduire les factions de l'île et à rendre la Révolution populaire ?

Il est difficile d'affirmer si, en acceptant la dictature, Paoli n'a pas agi avec sa duplicité coutumière, avec l'arrière-pensée de retourner contre la France les armes qui lui étaient confiées et si, avec sa rare sagacité, il n'entrevoyait pas la possibilité de regarder de nouveau vers l'Angleterre. Ne s'était-il pas autrefois tourné vers elle quand il luttait contre les bataillons du comte de Marbeuf, surtout par ambition personnelle ? L'intervention anglaise dans les affaires de Corse s'était d'ailleurs nettement affirmée en faveur de Paoli pendant la lutte, et, après la suprême défaite de Ponte-Nuovo, le pavillon britannique avait encore abrité la fuite du héros. Paoli ne pouvait oublier ces bienfaits; il ne pouvait oublier que, durant vingt ans, il avait vécu à Londres d'une pension du roi Georges. Il faut bien admettre que le sentiment n'entrait guère dans les combinaisons de ce Corse ambitieux, mais il faut aussi reconnaître que le gouvernement anglais lui était sympathique. Il en aimait les institutions libérales; il avait acquis la conviction que, mieux que toute autre nation, la Grande-Bretagne « puissante et généreuse » pouvait assurer le bonheur et la prospérité du peuple corse. Puisque sa petite patrie était trop faible pour rester indépendante, mieux valait qu'elle pût vivre librement sous le régime de l'Angleterre.

Qui peut certifier que Paoli n'ait pas toujours rêvé de la possibilité de nouer à son heure les relations les plus cordiales avec l'Angleterre ? Le commissaire des guerres Vaudricourt écrivait, dès le mois d'avril 1790 : « Est-il raisonnable de croire que Paoli ne préférera pas les Anglais, qui l'ont secouru et au milieu desquels il a vécu, à nous qui l'avons dépouillé d'une autorité acquise au prix de tant de risques et de peines ? »

Les événements qui ont suivi montrent que Paoli a toujours eu les yeux fixés sur Londres. La faction Pozzo di Borgo « déjà peut-être soldée par les Anglais » (1), devenait chaque jour plus puissante et pesait de toute son influence sur les décisions du roi de Corté, affaibli par l'âge et les infirmités.

Pozzo n'insinuait-il pas complaisamment que Paoli lui devait sa nomination au grade de commandant de la 23e division, et que ce n'était que grâce à des relations personnelles qu'il avait pu vaincre les défiances de Servan ? Pourquoi, dans un but qu'il garda secret, Paoli empêchait-il Bonaparte de fortifier Saint-Florent, et garnit-il les places fortes du littoral de bataillons corses dévoués à sa personne ? Salicetti, à son tour, émettait des doutes sur Paoli et signalait les « desseins désastreux » et les « perfides conseils » de certaines personnes qui l'entouraient.

Napoléon, bien placé pour juger des choses, a laissé, selon M. de Ségur, un témoignage formel sur la façon d'être et de penser de Paoli. « Celui-ci, dit-il, quoique comblé d'honneurs par la France, était pris de dégoût à la vue de nos troubles révolutionnaires et, revenu de Londres, il commença sourdement à préparer la Corse à la révolte. Dans ce but, il s'étudia à gagner à la cause de l'indépendance la nombreuse famille de Bonaparte. »

Napoléon était Français avec trop d'enthousiasme pour que les cajoleries du vieux général corse puissent changer ses sentiments, Paoli ne devait jamais lui pardonner d'avoir pris le parti de l'Assemblée. Truguet, lui-même, perdra la belle confiance des premiers jours et fera part à Aréna de ses appréhensions en ces termes :

« Les entraves que notre expédition éprouve et les re-

(1) F. Masson.

tards que j'apprends qui ont été mis à la contre-attaque
de la part des Corses sur le nord de la Sardaigne, et dont
j'attendais un grand avantage, me déterminent à solliciter
encore une épreuve de votre zèle infatigable pour le triomphe de la liberté. Il me paraît si indispensable que vous
vous rendiez en Corse pour anéantir les intrigues qui paraissent s'opposer à nos succès, que je vous requiers de
vouloir bien partir à l'instant sur une corvette que j'expé-
die pour Ajaccio.

» Déployant à votre arrivée le caractère de commissaire
du pouvoir exécutif qui vous est confié, vos réquisitions
seront énergiques comme vos qualités républicaines et elles
sauront terrasser les intrigants et vaincre les obstacles qui
s'élèvent contre nos opérations combinées (1). »

Et Joseph Bonaparte, comme Aréna, Salicetti et Pache
ont bien cette conviction que, selon le mot de Volney, le
« rusé et machiavéliste roi de Corté se f... de tout le
monde ».

Quoi qu'il en soit, Paoli accueillit avec un front calme
les instructions du Conseil exécutif relativement à l'expédition de Sardaigne. Au fond, il était d'une extrême per-
plexité. Il éprouvait de la difficulté à combattre le roi de
Piémont ; en réalité, c'était moins par sentiment que par
politique, qu'il feignait de se souvenir que la Sardaigne
avait un instant secouru la Corse contre la France et Gênes, et que Venturini, Gaffori et Matra avaient combattu
aux côtés de 15.000 Sardes de Cumiana (2).

---

(1) Lettres de Truguet à Aréna, 5 février 1793.
(2) « Truguet s'était adressé à Paoli, comme chef militaire, pour
avoir des secours. Paoli ne savait s'en tirer...; on découvrait, mais
de bien loin, une espèce de reconnaissance pour le roi de Sardaigne... Il me consulta et je n'hésitai pas à faire le tableau de la
division et du peu de ses moyens, laissant de côté la question
secrète qu'il gardait dans son cœur, de sa reconnaissance pour la
cour de Turin... En nous séparant, il ajouta : « Je n'ai d'autre
» chose à te recommander que ton amitié pour moi. « (*Mémoires*
de Césari, relatifs à l'expédition de Sardaigne.)

Paoli était profondément blessé des précautions qu'on avait prises pour le mettre au courant de cette expédition.

Truguet ne l'entretenait pas des détails des affaires, et d'Anselme lui écrivait qu'il gardait le commandement supérieur de l'île. L'attitude du gouvernement français pouvait sembler bizarre, et tant de méfiance incompréhensible. Officiellement, Paoli paraissait avoir les meilleures raisons de se formaliser. En lui donnant la dictature, le Conseil exécutif témoignait au général une estime parfaite et une confiance absolue.

En conséquence, il aurait fallu consulter Paoli le premier sur l'opportunité de l'expédition qui se préparait et sur les mesures à prendre. Il est certain que, mieux que tous, il pouvait juger des difficultés de l'entreprise, car il connaissait aussi bien les ressources de la Sardaigne que l'exiguité des moyens de la pauvre Corse.

La grande réputation qu'il s'était faite dans l'une et l'autre donnait à ses décisions une répercussion immense sur l'état de l'opinion dans les deux îles.

« Il a parmi les Sardes, écrivait Péraldi, une réputation considérable et sa présence contribuerait au succès de son armée. » Paoli avait conscience de son influence et on lui donnait des instructions juste suffisantes pour lui apprendre que ses fonctions n'étaient qu'honorifiques. Paoli n'était pas d'un caractère à sacrifier aisément le moindre des avantages que lui conférait son grade. Son amour-propre se révoltait à la seule pensée qu'il pouvait être la dupe et la victime de son ennemi personnel, d'Aréna, dont il sentait l'animosité percer sous les réticences du Conseil exécutif. Paoli ne pouvait admettre cette restriction publique sur les prérogatives de son commandement. Dans la vendetta qu'Aréna lui avait déclarée, il lui fallait coûte que coûte triompher, et, lorsqu'il se vit obligé d'agir malgré lui, il ne put que laisser échapper une critique à l'adresse de cette expédition, « qui ne peut réussir que par un de ces miracles de la sainte Liberté (1) ». Le plan était mal combiné, disait-il, et il valait mieux agir contre Turin (2) ; Paoli ne voulait pas combattre personnellement le roi de Piémont. C'était déjà la même pensée qu'il devait exprimer plus tard, sous une forme plus nette, à son neveu commandant la contre-attaque de la Maddalena : « Fais que toute cette affaire s'en aille en fumée. »

De fait, quoique craignant les Corses de Provence, Paoli ne cessera de créer chaque jour des difficultés. Il faisait de la réussite de l'expédition de Sardaigne une question d'amour-propre ; par esprit de vengeance contre les clubistes, du fond de son cœur il en souhaitait l'échec, échec qui eût été son triomphe sur Aréna et ses partisans des clubs de Provence. Politique habile et heureux, il sut toujours déjouer les reproches et garder une duplicité élégante et remarquable sans doute, mais qui ne saurait s'accorder avec la franchise et la netteté des sentiments qui seyent aux hommes des temps héroïques.

Paoli se piquait de philosophie et cela fut suffisant pour que longtemps encore la Convention excusât son attitude.

Le contre-amiral Truguet partageait l'enthousiasme de Sémonville, de Bonaparte et de Salicetti.

D'accord avec Péraldi, il avait poussé activement à l'expédition. Il ne doutait pas un moment du succès et espérait qu'il suffirait de se présenter devant Cagliari pour y cueillir des lauriers. Jacobinisant, il était fermement convaincu du pouvoir miraculeux des principes de 1789 ; il appartenait à cette génération d'hommes qui croyaient tellement à la vertu d'expansion spontanée des maximes révolutionnaires, qu'ils oubliaient d'agir sinon par des proclamations pompeuses et pleines d'enthousiasme.

Peu à peu cependant, les difficultés lui apparaîtront, il

---

(1) Lettre à Bozio, 24 novembre 1792. Cité par M. Marcaggi.
(2) Lettre du 22 décembre.

s'embarrassera dans les préparatifs, et, doutant de ses propres moyens, manquant de confiance en lui, il cherchera partout des aides. Il tâchera d'éveiller le zèle de Paoli ; il le conjurera d'user de toute son influence afin que la concentration des troupes s'effectue à Ajaccio dans les conditions les meilleures possibles.

« Le contre-amiral Truguet, écrira-t-il, vient réclamer avec confiance le zèle et le patriotisme du citoyen général Paoli, dont il ne peut se passer pour le succès de l'entreprise. L'armée navale a besoin de l'influence d'un citoyen général si justement révéré par ses compatriotes et l'amiral de cette armée compte d'avance sur tous les secours qu'il pourra lui fournir (1). » Il promettra d'envoyer une frégate pour transporter le corps expéditionnaire à Cagliari, et restera longtemps persuadé que les forces militaires de la Corse sont suffisantes pour assurer le succès de nos armes.

_____

(1) Lettre de Truguet à Paoli, fin octobre 1792.

Les préparatifs traînaient en longueur, d'Anselme s'en désintéressait ; il ne voulait point détourner son attention des Alpes et de l'Italie.

C'était un bon soldat, zélé, actif, très brouillon, toujours occupé de mille détails, mais incapable de maintenir la discipline et l'ordre qui faisaient l'honneur des armées de Custine et de Montesquiou. L'occupation facile du comté de Nice et les éloges exagérés des clubistes avaient exalté son imagination et fait naître en lui le désir d'ambitions nouvelles.

« La gloire de Custine ne lui suffisait plus, dit M. A. Sorel. Il rêvait d'être le Pyrrhus de la République. »

Il n'entendait pas volontiers parler de l'entreprise que le Conseil exécutif préparait contre la Sardaigne. Il la regardait comme trop lointaine, hasardeuse et indigne de ses destinées. Il voulait de plus grandes choses pour la République et pour lui. Aréna, ci-devant député de la Corse à l'Assemblée législative, fut lui-même séduit par les projets de d'Anselme, et il écrivit de Nice, le 24 octobre, à Lebrun, puis à Brissot :

« L'expédition de Sardaigne ne peut avoir lieu dans ce moment. D'Anselme pense que la République doit envoyer une armée à Rome pour disperser la cour qui nous fait une guerre plus dangereuse que celle des Prussiens et des Autrichiens. Délivrer les Romains, passer dans le Milanais, dans la Lombardie, revenir dans le Piémont pour assiéger les places fortes du roi de Sardaigne, voilà le plan que d'Anselme a conçu. Jamais la France n'aura une plus

belle occasion pour se débarrasser de la cour de Rome,
pour y installer un évêque et pour donner le mouvement
à une insurrection générale. Nous sommes les maîtres de
la Méditerranée, notre armée sera la plus forte pendant
l'hiver ; elle vivra aux dépens des tyrans et nous procurera
mille autres avantages que vous discernerez facilement (1). »

D'Anselme montrait la nécessité de rester dans les Alpes, il s'appesantissait sur les difficultés de la prise de
Cagliari. « L'accroissement des troupes autrichiennes ve-
nant du Milanais dans le Piémont et leur avant-garde qu'on
vient de porter sur Saorgio aux ordres du général Bren-
tano, me mettent dans l'obligation de suspendre, au moins
pour quelque temps, les dispositions relatives à l'expédition
de Sardaigne. De plus, disait-il, Cagliari est une place très
fortifiée, défendue par quatre bataillons et dont la prise
demandera deux mois au moins et 8 à 10.000 hommes
qu'il faudra tirer des troupes du Midi, car il faut peu compter sur le secours des Corses, l'île n'ayant en ce moment
que quatre bataillons de volontaires mal armés et dont le
général Paoli ne croira pas certainement pouvoir se dé-
garnir en totalité. Il est probable que le roi de Sardaigne
n'attend que l'instant de cette tentative pour nous attaquer
dans le comté de Nice, ce qu'il pourra faire avec des forces
plus que doubles de celles que nous pourrons y laisser (2).»

Le Piémont semblait vouloir prendre l'offensive ; d'Anselme ne voulait distraire nul homme des 12.000 environ
qu'il avait sous son commandement, ni se priver d'un secours de troupes même médiocres. Il venait de refuser à
Montesquiou des renforts pour s'emparer de Genève, à
plus forte raison ne désirait-il pas aider à cette aventure
de Sardaigne. Ne valait-il pas mieux, ainsi qu'il le proposait, tenter une attaque sur Oneille et Savone, où l'escadre
inoccupée de Truguet le seconderait avantageusement ?

(1) Lettre du 8 novembre 1792 au ministre de la guerre.
(2) Lettre du 9 novembre 1792.

A la rigueur, si la Corse avait suffi à fournir les éléments nécessaires à l'entreprise et à condition de ne pas affaiblir l'armée du Midi, d'Anselme n'aurait pas vu d'inconvénients à cette diversion.

Aréna lui-même était de plus en plus entraîné par d'Anselme, et, quelque chaud partisan qu'il fût de l'expédition de Sardaigne, il insistait auprès du Conseil exécutif. « On est assuré maintenant, écrit-il le 8 novembre 1792, que les Autrichiens du Milanais se portent en Piémont au secours du roi de Sardaigne et qu'ils ont le dessein de faire une tentative sur le comté de Nice. Aussi, pour le moment, il faut se borner à observer leurs mouvements, à exercer nos troupes, à les discipliner et à bien conserver cette partie, et il serait extrêmement dangereux d'affaiblir cette armée et d'en éloigner le général (1). »

Mais le Conseil exécutif se montre inflexible dans ses résolutions.

Devant les hésitations de d'Anselme, le commissaire Maurice fut envoyé à Marseille avec ordre de pourvoir sans retard à tous les préparatifs.

Le Conseil exécutif ne pouvait admettre qu'on aille à l'encontre de ses volontés. Il avait résolu l'expédition de Sardaigne pour avoir de l'argent et du blé ; il ne voulait pas que d'Anselme lui substituât toute autre entreprise. Il lui reprocha de ne pas pousser assez vivement les préparatifs et, d'autre part, de n'avoir rien tenté encore contre ces deux villes.

Dès son arrivée, Maurice, conformément aux ordres reçus, se concerta avec la municipalité de Marseille, afin de hâter l'embarquement des 6.000 volontaires provençaux qui attendaient depuis le commencement d'octobre et devaient former, avec les milices de Paoli, le corps expéditionnaire.

---

(1) Lettre du 8 novembre 1792.

Ces volontaires avaient été levés pendant le mois de septembre pour être dirigés sur Nice et renforcer l'armée de d'Anselme. Mais, le comté de Nice n'ayant fait aucune résistance, le général jugea inopportun de grossir ses effectifs de ce nouveau contingent de forces ; il avait d'ailleurs pour cette troupe fraîchement recrutée une aversion qu'il affichait en tout lieu et avait jugé tout simple de demander son licenciement. Mais il en coûtait trop aux administrateurs marseillais d'obtempérer immédiatement aux ordres de d'Anselme et d'avoir ainsi déployé leur zèle et leur activité en pure perte ; ils étaient en proie à l'hésitation lorsque le passage de M. Péraldi à Marseille leur fit entrevoir une récompense à leur dévouement : les 6.000 hommes pouvaient être dirigés sur Cagliari.

Cette solution remplit de joie les trois corps administratifs qui, le 8 octobre, rendirent compte à la Convention de leur entrevue avec M. Péraldi et de la position des 6.000 volontaires : « Cette troupe est dans ce moment sur pied, bientôt armée et équipée, et les approvisionnements en grande partie embarqués... Nous vous faisons observer qu'elle brûle du désir de partir pour aller combattre les ennemis de la liberté partout où il s'en trouvera. »

La Phalange marseillaise était un corps de moralité dangereuse, composé d'enfants et de la lie de la population des départements de Vaucluse et des Bouches-du-Rhône. A vrai dire, elle n'avait de marseillais que le nom ; la majeure partie des éléments qui la constituaient étaient ces gens sans aveu et de nationalité incertaine qu'on ne trouve que dans les villes maritimes ou voisines des ports. Ces volontaires-là ne s'étaient enrôlés que par soif de rapines et de brigandages, avec l'espérance de pouvoir piller et tuer sans crainte du châtiment. Ce sont ces bandits qui ont déshonoré les bataillons de Provence ; car, à côté de ces éléments d'anarchie, il s'y trouvait des jeunes gens du pays animés d'un excellent esprit de patriotes sans-culottes. Il

eût fallu faire un triage dans ces effectifs de toute prove-
nance, il eût été de la moindre prévoyance de s'appliquer
à faire peu à peu régner l'ordre et la discipline dans ces
nouvelles troupes et d'en éliminer les ferments de désordre.
Le nombre importait d'ailleurs moins que la qualité. Mais
les vieux militaires dédaignaient inconsidérément ces jeunes soldats et n'affectaient qu'indifférence et mépris à leur
égard.

Ils ne croyaient pas qu'on en pût jamais dégager des
éléments de succès merveilleux. Ils ne faisaient fond que
sur les troupes de ligne, qui étaient un bel instrument tout
prêt et solide entre leurs mains.

Ils avaient l'œil fait aux vieilles troupes ; ils ne pouvaient
croire que les volontaires seraient des soldats capables de
soutenir victorieusement l'effort de l'Europe coalisée.

D'Anselme n'avait des yeux que pour les régiments de
ligne ; il ne voulait point de volontaires dans son armée.
Impuissant à maintenir la discipline dans ses troupes, il
ne désirait pas se grossir de nouvelles recrues insubordon-
nées et sans esprit militaire.

Certes, la conduite des volontaires ne témoignait pas en
leur faveur et la triste renommée de leur nom s'étendait à
toute la Provence. Leur séjour dans les villes ne devait être
marqué que par des actes honteux de brigandage et d'insubordination et leur passage était redouté comme celui
des ennemis. Une occasion favorable de s'en débarrasser
se présentait : c'était l'expédition de Sardaigne. On les
dirigea donc immédiatement sur Toulon, où ils devaient
prendre la mer. Trente-trois bâtiments attendaient déjà
depuis un mois, sous la conduite de la frégate *la Fortunée*.

Mais, au moment du départ, la municipalité, craignant
des troubles, refusa de les laisser pénétrer dans ses murs
pour s'embarquer. En vain le général d'Anselme insista,
en vain les commissaires et le citoyen Maurice firent des

remontrances, force fut de choisir un autre port. Un instant on songea au golfe Juan, mais le mouillage était trop loin de terre ; le capitaine de Saint-Julien, chargé d'escorter le corps expéditionnaire avec la corvette *la Poulette* et le vaisseau *le Commerce de Bordeaux*, préféra Villefranche ; c'est là que la flotte de transport alla mouiller le 21 décembre. Malheureusement, le biscuit qui avait été préparé était pourri et les approvisionnements gâtés depuis trois mois qu'ils étaient à bord.

Il n'y avait pas d'argent en caisse pour payer les soldats et il y avait à peine des munitions et des armes pour un millier d'hommes (1).

Tandis que d'Anselme, inactif, gémissait sur cet état de choses, le corps marseillais reçut l'ordre de se mettre en marche et le général Dhiller, qui les commandait, fixa ainsi leur ordre d'arrivée :

---

(1) Les demandes d'armement que la ville de Marseille avait faites à Gênes étaient restées infructueuses.

Préparatifs faits par la ville de Marseille pour l'expédition de Sardaigne : 33 navires frétés et approvisionnés, avec tous ouvrages et cloisons et ustensiles nécessaires, de la portée ensemble de 6.014 tonneaux, prêts à embarquer 6.000 hommes, avec les provisions pour deux mois, consistant en : 4.500 quintaux biscuit, 1.500 barriques de vin de trois milleroles l'une, 6.014 quintaux de bois à brûler, 120 barils de farine, 360 quintaux foin, 600 moutons vivants, 50 milleroles huile fine, 7 à brûler, 11 quintaux chandelles, 7 quintaux sucre, 245 quintaux riz, légumes suffisants, 700 barils de bœuf et lard salé, 144 quintaux fromage, 260 quintaux morue salée, 160 livres moutarde, 50 milleroles vinaigre, l'eau pour deux mois.

Munitions d'artillerie : 6 pièces de canon en fonte de 14, 6 pièces de canon en fonte de 18, montées sur leurs affûts de campagne, 4 mortiers à bombes de 12 pouces, montés sur leurs crapauds, 2 crapauds de rechange, 2.200 bombes, 4.000 boulets de 4, 2.000 de 8, 2.000 de 6, 1.000 de 12, 2.000 de 18, 2.000 de 24, 1.000 de 16, 3.000 crapes et boëtes à la suédoise, 3.000 cartouches à balle, 80.000 pierres à fusil, 10.000 étoupilles, 1.000 lances à feu, 100 porte-lances, 100 quintaux mitraille, 20.000 cartouches en papier de divers calibres, 12 chariots à bagages, 12 à poids, 12 caissons, 600 tentes de 10 hommes chaque avec leurs bois, 100 manteaux d'armes, 600 marmites pour 10 hommes chaque, 600 gamelles, 600 bidons (le tout en fer-blanc anglais), 6.000 petits bidons avec leurs banderoles, 500 quintaux poudre en baril, 900 gamelles, 900 bidons en bois, 600 serpes, 600 pioches, 600 pelles, 600 porte-coups.

Le 1er et le 2e bataillon de la Phalange marseillaise arriveront à la Colle le 14 décembre ;

Le bataillon de l'Union arrivera à Grasse le 17 décembre ;

Le bataillon de Martigues arrivera à Mougins et Vallauris le 16 décembre ;

Le bataillon de Luberon arrivera à Vence le 17 décembre ;

Le bataillon de Vaucluse arrivera à Grasse le 18 décembre ;

Le bataillon de Tarascon arrivera à Grasse le 19 décembre ;

Le bataillon d'Aix arrivera à Saint-Paul-de-la-Colle le 20 décembre.

D'Anselme avait manqué à son devoir en ne prenant pas les mesures nécessaires pour donner à ces bataillons de volontaires les principes d'ordre, de discipline et d'administration qui faisaient l'honneur de la ligne. L'indolence et le mauvais vouloir de d'Anselme se refusaient à cet effort et il se contentait de faire écrire à Truguet par B. Aréna qu'on ne pouvait utiliser pareille troupe. Truguet n'accepta pas cette façon de voir ; il y avait longtemps qu'il préparait l'expédition et il avait hâte de voir ses projets en voie d'exécution. Il ne voulait plus tolérer de retards.

« J'espère, écrit l'amiral au ministre de la marine, avoir bientôt des nouvelles satisfaisantes à vous annoncer sur le succès de l'expédition de Sardaigne, expédition dont j'avais calculé et présenté tous les avantages et les difficultés, sans m'attendre néanmoins que j'aurais à triompher, dans l'exécution, de quelques entraves sur lesquelles mon patriotisme et mon zèle ne me permettent point de réfléchir (1). »

---

(1) Lettre du 10 décembre 1792.

L'impatience de Truguet, les remontrances des partisans de l'expédition, décident le Pouvoir exécutif à agir avec énergie contre d'Anselme. Dès lors, on lui fait grief de sa mollesse à réprimer les anarchistes, de son inaction, de son hostilité à l'expédition de Sardaigne (1) et de ses projets sur l'Italie. Quelques jours plus tard, il était mandé à Paris pour justifier sa conduite et, le 20 décembre, Brunet le remplaçait à la tête de l'armée. Le premier soin du nouveau général fut de demander le commandement du corps expéditionnaire et de faire toute diligence pour embarquer les volontaires de Provence, qui, le 8 janvier, faisaient voile vers Ajaccio.

L'escadrille emmenait Joseph et Barthélemy Aréna, ce dernier porteur des ordres désignant Casabianca comme chef des troupes de débarquement.

---

(1) D'Anselme écrivait à Paoli, le 26 novembre, de lui expédier toutes les troupes disponibles de l'île, afin de « porter l'armée à un point de force qui puisse la mettre à même d'entreprendre tout ce que la République exigera d'elle ».

V

L'escadre de la Méditerranée. — Latouche-Tréville à Naples. —
Accueil fait à Truguet par les corps administratifs. — Les marins
à Ajaccio. — Echauffourée sanglante du 18 décembre. — Conséquences et projet d'une contre-attaque dans le nord de la
Sardaigne.

Truguet croyait pouvoir disposer de la flotte entière dès
que les négociations avec Gênes et le bombardement
d'Oneille seraient terminés. Malheureusement, il dut envoyer Latouche-Tréville à Naples pour demander réparation des insultes faites à Sémonville.

Une partie de la flotte était donc indisponible pour coopérer à l'expédition. Bien des hésitations étaient permises
devant une pareille diminution de forces navales. Truguet
ne s'arrêta pas à de telles considérations : il donna simplement l'ordre à Latouche-Tréville de le rallier dans les
eaux de Cagliari ; bien plus, dans sa hâte de voler au succès, il ne jugea pas opportun d'emmener avec lui les volontaires et partit pour Ajaccio, où il annonça son arrivée
par la lettre qui suit :

« Citoyens administrateurs, c'est en m'efforçant d'aug-
menter le triomphe de la liberté que je puis justifier l'opinion flatteuse que vous avez de mon zèle et que vous avez
la bonté de me témoigner. Rien ne pouvait plus évidem-
ment assurer à la République française un succès que
d'obtenir des secours de ce peuple corse si intéressant aux
yeux des vrais amis de la liberté.

» Je veux aussi, Citoyens, réunir aux moyens militaires
que vous offrez avec tant de zèle les conseils que votre sagesse et votre expérience peuvent donner à l'amiral Truguet, désireux de conquérir à la liberté un peuple malheureux.

» Il faut attaquer les ports, bombarder les forteresses et détruire tous les suppôts du despotisme ; mais il faut employer tous les moyens qui peuvent sauver un seul individu égaré par le fanatisme. C'est de vous, Citoyens, également courageux et humains, que je réclamerai surtout le langage qu'il faut parler à des montagnards faits pour être libres, à des montagnards égarés peut-être par des prêtres perfides et qu'il faut éclairer sur nos motifs et notre zèle pour leur propre cause. Je me rendrai le plus tôt possible à Ajaccio et je vais faire en sorte d'y arriver muni des fonds nécessaires aux caisses militaires. Si par vos soins les Corses soldats y sont réunis, nous volerons à des succès qui mériteront les bénédictions et la reconnaissance d'un peuple malheureux (1). »

L'escadre, après la mission confiée à Latouche-Tréville, ne comptait plus que quatre vaisseaux de ligne : le *Tonnant*, le *Centaure*, l'*Apollon*, le *Vengeur* ; quatre frégates : la *Vestale*, la *Fortunée*, l'*Aréthuse*, la *Perle*, qui venait de prendre la mer ; une corvette : la *Badine*, qui avait été chercher à Gênes 600.000 francs, et deux bombardes : l'*Iris* et la *Sensible*.

La traversée ne fut pas heureuse. Vers Calvi, des vents violents appuyèrent la flottille à la côte, si bien que la *Perle* (2) s'échoua aux atterrages de Galéria, et que l'*Aréthuse*, en touchant un banc de sable, subit des avaries importantes. Malgré cela, le 15 décembre, Truguet arrivait dans le golfe d'Ajaccio ; presque au moment du mouillage, par suite d'une fausse manœuvre, une des plus belles unités se perdait : le *Vengeur* heurtait un rocher à hauteur de la chapelle des Grecs, et si malencontreusement qu'il alla s'échouer au fond du golfe, où il dut être abandonné.

Truguet venait embarquer les troupes de la 23ᵉ divi-

---

(1) A l'Espuy, à bord du *Tonnant*, le 5 décembre, an Iᵉʳ de la République (Arch. dép.).
(2) Superbe frégate, « la meilleure voilière de l'armée navale ».

sion que Paoli avait mises à sa disposition, soit : deux bataillons du 42ᵉ régiment de ligne, les 1ᵉʳˢ bataillons des 52ᵉ et 26ᵉ régiments et quatre bataillons de volontaires nationaux ; cela faisait environ 2.000 fusils à raison de 320 hommes par bataillon de ligne et 200 par bataillon de volontaires. Comme artillerie, on emmenait 14 pièces avec les agrès nécessaires et un approvisionnement de 1.000 coups.

A peine débarqué, Truguet, jeune et galant, fut reçu par les Bonaparte. Il se montrait fort empressé auprès d'eux et se faisait un devoir de ne jamais manquer ces réunions dont il était l'âme avec Joseph, Elisa et Napoléon. A ce moment, la famille Bonaparte aurait vu se réaliser avec le plus grand plaisir l'union d'Elisa et de Truguet. Et cependant l'amiral et la petite pensionnaire de 15 ans, fraîchement échappée de Saint-Cyr, étaient séparés par une assez grande différence d'âge ; Truguet, il est vrai, était très bel homme, brun et vigoureux, mais son caractère sombre, taciturne, faisait contraste avec celui d'Elisa, si expansif et si enjoué. Enfin, on dansait beaucoup, et l'on s'occupait d'autant moins de l'expédition. Pendant ce temps, les sans-culottes faisaient fête en l'honneur des marins de Provence ; le contre-amiral s'en réjouissait et exprimait publiquement au général et aux corps administratifs sa gratitude pour un accueil si fraternel et si enthousiaste.

L'arrivée de l'escadre était une excellente occasion de manifestations sans-culottes. La flotte avait eu à peine le temps de mouiller au fond du golfe qu'une députation des Amis de la Constitution s'était aussitôt rendue à bord fraterniser avec les camarades du continent. Depuis lors, Corses et Provençaux, rivalisant de zèle et d'ardeur révolutionnaires, tenaient séance tous les jours au club sansoulotte de chaque navire et discutaient des affaires publiques et des droits imprescriptibles de l'homme et du citoyen.

Cette atmosphère de civisme échauffait les esprits les plus timides, et éveillait chez tous un ardent désir de prosélytisme. Le 18 décembre, les matelots résolurent de faire une publicité éclatante à leurs opinions. Ils descendirent à terre et se répandirent à travers la ville en chantant la *Carmagnole* et le *Ça ira* et en criant : « A bas les aristocrates ! A la lanterne ! »

A ces cris ils joignirent bientôt les menaces de leurs armes et de leurs nœuds coulants. La vue de ces hommes armés à la poursuite d'ennemis imaginaires sema la terreur dans la ville ; les passants effrayés cherchèrent un refuge dans les boutiques ou rentrèrent précipitamment chez eux, abandonnant les rues désertes à ces forcenés.

Il était environ 4 heures du soir, la manifestation prenait fin, lorsqu'une querelle s'éleva entre un marin et un sergent-major des volontaires, Anton Padouan Susini, de Sartène. Survint une patrouille de service qui les arrêta et les conduisit tous les deux devant le juge de paix. Le motif de la querelle était futile, mais l'effervescence grande parmi les marins. Afin de ne pas surexciter les esprits agités, le juge de paix crut bon de différer le jugement et de commencer par enfermer les deux délinquants à la maison d'arrêt, dans la citadelle. La patrouille arrivait sans encombre à hauteur de la grande porte d'entrée, lorsque subitement elle fut assaillie par un grand nombre de matelots, par quelques grenadiers et soldats du régiment de Bresse.

Forcée de lâcher le malheureux sergent-major, celui-ci devint la proie des assaillants, et fut aussitôt précipité dans l'intérieur de la citadelle. Les portes fermées, sans crainte d'être inquiétés, les matelots pouvaient donner libre cours à leur rage. Ils mutilèrent leur prisonnier à coups de sabre et pendirent le corps pantelant au mât du pavillon, au vu de l'escadre et de la ville entière. Le châtiment était public, comme l'offense. Puis, les sans-culottes descendirent le cadavre et le jetèrent à la mer. « On disait publiquement que ce sergent-major recrutait pour la Sardaigne, qu'il en avait fait lui-même l'aveu. C'était le motif de la dispute et du sacrifice (1). »

Les sans-culottes s'étaient vengés d'un traître ami des tyrans. A cet exploit, ils en ajoutèrent d'autres. Après ce massacre, sans réfléchir et comme instinctivement, les matelots descendirent dans les prisons. Un malheureux citoyen, un artisan d'Olmeto, demeurant à Ajaccio, se trouvait sous les verrous ; on lui reprocha d'avoir blessé la nuit précédente un grenadier du 42e régiment de ligne ; on jugea qu'il méritait le même supplice que Susini pour avoir osé porter la main sur un sans-culotte (2). Et l'exécution suivit le jugement sommaire. Enfin, pour rendre le « sacrifice » exemplaire, le corps du sergent-major fut repêché et les deux cadavres, hachés en morceaux, furent promenés dans les rues de la ville avec une atrocité barbare et vraiment révoltante.

Les témoins de ce spectacle furent saisis d'horreur ; parmi eux, Antonio Péraldi, procureur de la Commune, ne put contenir son indignation.

Au péril de sa vie, il s'élança au milieu des bourreaux et essaya de leur arracher le corps des victimes. Mal lui en prit. Cet acte de courage ne fit que porter au comble la colère des Marseillais. En proférant des menaces, ceux-ci jetèrent Péraldi à terre, lui passèrent au cou un nœud

---

(1) Affiche des citoyens administrateurs (Arch. dép.).

(2) « La sensation excitée par l'atrocité d'un acte si barbare n'occasionna aucune représaille. A Sartène, où l'un des gardes massacrés avait plus de 150 parents, le peuple alla au-devant de la compagnie de ligne qui y était en garnison et la rassura d'une manière vraiment généreuse. » (Lettre de Paoli au ministre de l'intérieur.)

coulant et se mirent en devoir de lui « faire son affaire ».
Par bonheur, quelques soldats du régiment de Vermandois se précipitèrent au secours du courageux magistrat et
le dégagèrent, non sans peine. Il était temps ; Péraldi
perdait connaissance et râlait déjà.

Les marins renouvelaient en Corse les sinistres exploits
qui avaient signalé le passage des Marseillais dans les
villes de Provence.

Ces horribles excès menaçaient de continuer sous les
yeux des autorités militaires et des pouvoirs publics, qui
manquaient de tous les moyens de répression nécessaires
en ces circonstances. Mais les volontaires corses se sont
concertés en apprenant ces nouvelles et aussitôt décident
de venger leurs compatriotes. Ils saisissent leurs armes et
courent vers la citadelle, affolés de rancune et de vengeance. Un conflit sanglant est sur le point d'éclater. Par
bonheur, la ferme attitude des officiers et la promesse que
justice leur sera faite, calme leur premier élan de fureur
et permet de gagner quelque temps. Ce fut suffisant pour
amener une détente momentanée, et les volontaires, les
armes à la main, regagnèrent leurs casernements. Profitant alors de cet instant de répit, l'amiral Truguet consigna
l'escadre à bord, et, sitôt après, Casabianca envoya les
troupes bivouaquer à Mezzana. Par ces mesures énergiques, bien d'autres malheurs étaient conjurés.

Ces événements devaient nécessiter de profondes modifications dans les combinaisons projetées par Truguet pour
tenter l'attaque de Cagliari. On considéra comme impossible désormais de faire participer à une action commune
des troupes corses et des troupes continentales.

On craignait des représailles funestes ; on pensait que
les Corses, animés par leur esprit de vengeance, se fusilleraient avec les Provençaux. Malgré tout, il fallait utiliser toutes les forces de la 23e division. Truguet décida
donc de n'embarquer que le 42e régiment et de former un

nouveau corps expéditionnaire indépendant avec les deux bataillons de volontaires, quelques gendarmes et quelques artilleurs. Ces troupes seraient destinées à faire une diversion sur la côte nord de Sardaigne, à la Maddalena, tandis qu'on attaquerait Cagliari (1).

En conséquence, le contre-amiral Truguet embarqua le 42e régiment et 600 hommes des autres bataillons de ligne, soit 1.800 soldats. Le 8 janvier 1793, il mit à la voile pour Cagliari, ayant en vain attendu les volontaires marseillais qui quittaient ce même jour Villefranche.

---

(1) « Maintenant, la tranquillité règne dans la ville d'Ajaccio; mais l'amiral, prévoyant avec sagesse les effets redoutables de l'aigreur des esprits, lorsqu'elle s'est emparée des deux corps d'armée, a jugé à propos de réquérir le général Paoli, afin qu'il donne au 42e régiment de ligne des ordres de s'embarquer en entier, et de destiner les bataillons de volontaires à attaquer vers le nord de la Sardaigne, en s'emparant de l'île de la Maddalena, pour faire une diversion utile lorsqu'il attaquera Cagliari. » (Lettre de Péraldi.)

VI

Etat d'esprit de la cour de Turin. — Le conseil du roi. — Le vice-roi de Sardaigne reçoit les instructions de Turin. — Attitude du clergé et de la noblesse. — Organisation de la défense. — Les troupes régulières et les milices. — La mise en état de défense de Cagliari.

Le comté de Nice et la Savoie avaient accueilli l'armée française avec enthousiasme; les Piémontais, tout à l'heure pleins de mépris pour nos troupes, s'étaient dispersés dans les Alpes. Cela rappelait le « jeu des gamins qui, ayant disposé les cartes debout et en ligne, donnent à la première une chiquenaude qui fait tomber les cartes les unes sur les autres jusqu'à la dernière (1) ». Seule, la neige des montagnes avait sauvé le Piémont de l'arrivée des Français.

« L'étonnement, l'abattement et la terreur étaient indescriptibles, à Turin (2) ». Victor-Amédée ne savait à quel saint se vouer. Le roi était trompé sur la valeur de ses officiers et la science de ses généraux. Son ministre de la guerre, Cravanzana, était si incapable et si indécis qu'il en arrivait souvent à la « lâcheté et au mensonge ».

Le comte d'Hauteville était un homme instruit, laborieux, mais d'une minutie extrême qui nuisait à la rapidité de l'action dans les affaires importantes. Dans les circonstances actuelles, c'était un vice. Quant au ministre de l'intérieur, le comte Graneri, il n'avait que l'esprit qui ressemble à une lanterne sourde et n'éclaire que le propriétaire. C'étaient les personnages qui formaient habituellement le conseil du roi de Sardaigne. Ils étaient loin

---

(1) Lettre de Belosselsky, ambassadeur russe à Turin, au ministre des affaires étrangères de Russie.
(2) *Ibid.*

d'être à la hauteur de leur tâche. D'ailleurs, ils étaient paralysés par la peur ; ces gens-là avaient la « chair de poule rien qu'au nom des sans-culottes (1) ». Le feu était à la maison, ils ne pouvaient songer à sauver les écuries. Les Français étaient aux portes de Turin, ils ne pouvaient penser à l'île de Sardaigne. Ils comptaient sur le vice-roi pour prendre les meilleures précautions contre l'invasion. Ils pensaient que Truguet ne réussirait pas aussi facilement que d'Anselme et Montesquiou. Non pas sans doute que le commandant des forces sardes dût se montrer, dans la défense, plus énergique que les autres ; mais on pensait que les habitants de la Sardaigne qui habitent à l'intérieur de l'île étaient trop simples d'esprit « pour comprendre les énigmes du droit naturel et les logogryphes métaphysiques français ».

Ils étaient convaincus que les villes du littoral pouvaient être occupées, mais que, si les Français s'avisaient de pénétrer dans l'intérieur, ils trouveraient dans chaque habitant un ennemi implacable. En guise de conclusions, ils ajoutaient : comme c'est une île, les quatre ou cinq bataillons qui s'y trouvent ne pourront pas fuir, à l'exemple de ceux qui ont combattu dans les Alpes !

Quoi qu'il en soit, le 14 octobre 1792, le vice-roi à Cagliari recevait du roi de Sardaigne l'invitation pressante de tout préparer pour la défense de l'île. La Sardaigne était trop proche de la Corse pour ne pas éveiller chez les Français d'ardentes convoitises, disait-on à Turin.

Le contre-amiral Truguet ne cessait de croiser en Méditerranée, montrant partout une superbe arrogance et faisant trembler les villes d'Italie. Il ne tarderait pas à se présenter devant la capitale et il importait qu'il ne pût

---

(1) Belosselsky au ministre des affaires étrangères, à Saint-Pétersbourg. Cf. : Princesse Lise Troubetzkoï : *Un ambassadeur russe à Turin* (1792-1793).

ueillir les mêmes lauriers que Montesquiou et d'Anselme
n Savoie et à Nice.

Le vice-roi Balbiano entendit sans émoi le cri de désespoir de la monarchie piémontaise. Il réunit secrètement en conférence le baron de Fléchère, le régent Sautier,
et son secrétaire Valsecchi, afin de discuter de l'opportunité de la publication des nouvelles reçues et des moyens
de défense à employer éventuellement. Devait-on communiquer au peuple les instructions de Turin ? Fallait-il prévenir la noblesse du pays et lui ordonner de préparer ses
armes, d'équiper des soldats, ainsi que le prescrivait la
constitution ? C'était l'avis du régent. Ne valait-il pas
mieux, ainsi que le voulait le vice-roi, que l'île, d'annexion
récente, turbulente et peu déférente pour l'autorité royale,
fît à ses dépens l'expérience de sa propre faiblesse et
subisse quelque temps les maux d'une guerre ?

Le vice-roi pensait que la Sardaigne était de prise longue et patiente et qu'il serait bien difficile d'y établir d'une
façon durable la domination étrangère. Admettez, disait
le vice-roi, qu'une descente de l'ennemi ait lieu sur quelque point du littoral ; la Sardaigne ne sera pas conquise
de ce fait, et le peuple, s'exagérant les dangers qui le menacent, se sentira simplement forcé de demander aide et
protection. Le gouvernement accordera alors les secours
demandés avec générosité et, grâce à l'à-propos de ce
geste, le roi de Piémont apparaîtra d'une façon éclatante
comme le sauveur naturel des Sardes et le protecteur dévoué de leurs terres.

En conséquence, Balbiano concluait à l'expectative.
Malgré l'autorité dont il jouissait, il ne put faire prévaloir
son avis, et, après de longues hésitations, on décida que
les communications qu'on venait de recevoir de Turin seraient rendues publiques.

Ce fut sans trouble que le pays apprit cette nouvelle de
l'arrivée probable des Français. Ceux-ci n'étaient pas im-

populaires et les Sardes, qui avaient si souvent changé de domination, envisageaient sans étonnement la possibilité d'un régime nouveau dont beaucoup espéraient une amélioration de la fortune publique.

La Sardaigne vivait opprimée et, sous les apparences de large liberté, le Piémont exploitait une situation politique mal définie. Il ne tarda pas à se produire un grand mouvement dans l'opinion. Chacun, subissant la magie des mots de liberté, d'égalité, sentit davantage combien lourd était le tribut des impôts payés à la caisse royale, et de vives sympathies s'éveillèrent en faveur de la République. Devant ces tendances nouvelles qui s'affirmaient chaque jour plus fortes et plus nettes, le vice-roi sentit que c'en était fait de la domination piémontaise si le hasard ne la servait pas. Et, d'une prudence intéressée, il attendit les événements sans se prononcer ni pour ni contre les Français, les maîtres de demain peut-être.

A la faveur de ces hésitations, notre consul Guis put rester à Cagliari sans être inquiété jusqu'à l'arrivée de l'escadre de Truguet. C'était un homme actif, remuant, patriote convaincu, sans-culotte fanatique. Il prédisait en toute occasion aux Cagliaritains une ère nouvelle de prospérité et de bonheur qui s'ouvrirait avec la domination française.

Son prosélytisme ardent était contagieux ; nul n'ignorait les préparatifs de notre flotte, et cependant les Sardes témoignaient leurs sentiments à notre égard en recevant cordialement les passagers de la tartane *Saint-Roch*. Les bâtiments de Truguet mouillaient devant la capitale de l'île, que les relations de paix continuaient encore, ainsi que le commerce, entre la Corse et la Sardaigne.

Cependant, le vice-roi écrivait à Turin que l'on prenait toutes les mesures utiles pour la défense du pays ; que tous les commandants militaires avaient été prévenus et que, déjà, la petite flottille de la Maddalena se mobilisait

in de sauvegarder les relations avec le continent. Malgré
les affirmations destinées à tranquilliser le roi, le ton gé-
ral de la lettre n'en laissait pas moins soupçonner que
la résistance serait difficile, peut-être vaine. Le ministre
de la guerre comprit combien grandissaient vite en Sardaigne, sous l'influence des doctrines révolutionnaires, les
sympathies pour le peuple français. Il envoya donc aussitôt de nouvelles instructions plus fermes et plus précises
et exigea que le consul Guis fût expulsé de Cagliari, en
réponse à l'expulsion du consul sarde de Marseille. Il ne
s'agissait pas seulement de prendre une mesure semblable
à celle du gouvernement français : il fallait surtout se débarrasser d'un intrigant qui gardait de trop bons rapports
avec les habitants de l'île et ne cessait de faire parmi eux
une propagande révolutionnaire active et habile. On ne
devait pas tolérer plus longtemps ce sans-culotte qui avait
réussi à grouper autour de lui une foule de négociants partisans de la République et avait su amener la plupart des
notables cagliaritains à des dispositions d'esprit trop favorables aux Français.

La Révolution devenait populaire en Sardaigne ; seuls,
noblesse et clergé se sentaient menacés par les principes
de 1789. Ils résolurent de mettre en œuvre tous leurs
moyens d'action afin de contrarier d'abord le triomphe pa-
cifique de nos idées, qui filtraient partout, et de combattre
ensuite, les armes à la main, les armées révolutionnaires.
Ils préféraient se résoudre à tous les sacrifices plutôt que
de risquer de voir disparaître leurs privilèges et leurs
biens.

Le 3 janvier, l'archevêque de Cagliari et son chanoine
se présentèrent à Balbiano. « Je viens vous offrir, dit le
prélat, 12.000 écus pour les dépenses de la guerre. Puis,
ajouta-t-il, si le besoin est pressant, on dépouillera les égli-
ses. » Il demanda ensuite que, suivant une antique loi du

pays, il fût convoqué en ces temps de péril une assemblée militaire générale de quarante membres, qui arrêteraient les dispositions à prendre pour faire face au danger.

A son tour, la noblesse consentit à faire le sacrifice de son or et de son blé. Elle commanda à Livourne des canons, des fusils, des sabres et des munitions. Elle fit fabriquer 4.000 quintaux de biscuit et faire des salaisons de bœuf et de porc, afin de pourvoir de vivres Sassari, Tempio, Iglésias et Alghero. Réunissant enfin leurs deniers pour un suprême effort, les nobles firent publier dans les cantons que tout homme qui se présenterait armé d'un fusil recevrait un réal par jour pendant toute la durée de la guerre. Ils purent ainsi former quatre compagnies de fantassins et deux de cavaliers. Ils cherchèrent à tirer profit des nombreuses milices à pied et à cheval que chaque village devait fournir d'après la constitution féodale.

Ils avaient compté sur 30.000 fantassins et 4.000 cavaliers ; en réalité, ces miliciens, groupés par corps de métiers, ne furent jamais ni armés ni équipés. Il n'y eut que des efforts isolés. Pour les coordonner, il eût fallu l'action du conseil de guerre réclamé par l'archevêque de Cagliari. Concentrant les pouvoirs administratifs et militaires, ce conseil aurait pu peut-être réveiller quelques énergies ; malheureusement, il ne fut réuni qu'en partie et ne tarda pas à se dissoudre sous l'effet des dissensions politiques et de l'égoïsme de la noblesse et du clergé.

En somme, il ne resta guère devant les troupes françaises que les forces régulières de l'île. Elles étaient de médiocre qualité, peu nombreuses et dispersées dans l'intérieur. Il y avait dans la capitale : un bataillon du Piémont, sous les ordres de Pamparata, moins deux compagnies, reconduites sur le continent quelque temps avant la guerre ; 600 fusiliers du régiment suisse du colonel Schmid, levés récemment et dont beaucoup d'officiers étaient restés en Piémont ; deux compagnies de dragons, commandées par le baron de Saint-Amour, et une compagnie de soldats légers destinés à la garde des forçats.

A Alghero se trouvaient deux compagnies du régiment de Courten et un petit corps franc de déserteurs grâciés.

A Sassari, deux autres compagnies du régiment de Courten et une compagnie de dragons ; en plus de cela, quelques rares pièces d'artillerie disséminées dans les places fortes. Quant aux milices, elles ne fournirent que 400 hommes qui furent sommairement équipés.

VII

La Touche-Tréville à Palmas. — Prise de San Pietro. — Arrivée
de Truguet. — Prise de Sant'Antiocho.

La situation militaire de la Sardaigne était donc bien
précaire quand arriva la première division de l'escadre
française.

La Touche-Tréville avait l'ordre de rallier Truguet dans
le golfe de Palmas, et, s'il arrivait le premier devant San
Pietro (1), de mettre le pied dans l'île et de s'y installer.
En conséquence, quand sa mission fut terminée, La Touche-Tréville mit à la voile pour San Pietro. Dans la nuit
du 21 au 22 décembre, un fort coup de vent dispersa ses
vaisseaux, qui durent se réfugier vers Naples, la Sicile et
la côte d'Afrique, si bien qu'il ne put rallier que dans les
premiers jours de janvier Las Palmas, au sud-est de San
Pietro, dans le golfe formé sur la côte occidentale de la
Sardaigne par la presqu'île de Sant'Antiocho. Le *Léopard*
fut alors envoyé s'assurer que Truguet n'était pas devant
Cagliari et, ce renseignement obtenu, la division alla se
réunir, le 7 janvier, dans la rade de Carloforte, entre la
Sardaigne à l'est, la presqu'île de Sant'Antiocho au sud et
l'île de San Pietro à l'ouest. L'amiral avait résolu de s'emparer de Sant'Antiocho dès le lendemain, mais un fort
coup de vent empêcha le *Léopard* de communiquer avec
Carloforte et lui fit subir de nombreuses avaries.

Camurati della Roncaglia, capitaine des dragons sardes,
occupait primitivement Carloforte avec une centaine d'hommes. Ces forces ne lui permettaient aucune opération sé-

---

(1) La population de San-Pietro était formée d'anciens habitants
de Tabarca, sur la côte tunisienne, que le roi du Piémont avait
rachetés de l'esclavage aux Barbaresques.

rieuse ; il risquait, à la moindre attaque, d'être isolé et fait prisonnier. Il rendit compte au vice-roi de sa situation et se replia vers l'est sans attendre d'autres instructions. Le consul Guis, qui s'était réfugié dans San Pietro, faisait savoir, le 8 janvier, à Bourdon-Grammont, commandant le *Léopard*, que l'île avait été évacuée par ses défenseurs et ne ferait aucune résistance. A cette nouvelle, le capitaine Colnet, du 36ᵉ régiment, reçut l'ordre de débarquer avec 100 hommes environ et 16 canonniers, et de prendre possession du fort pentagonal de San Vittorio, qui domine au sud la tour et la ville. Bourdon-Grammont s'empara de ce fait de 34 canons, 6 espingoles, de munitions, d'outils, de tabac et d'une somme de 207 livres et 15 sols, qui fut distribuée aux familles les plus miséreuses.

Le jour même, le pavillon tricolore fut arboré sur la citadelle.

Le lendemain, comme pour initier les habitants à une nouvelle religion, ceux-ci furent rassemblés dans l'église paroissiale. Au milieu de l'attention générale, dans un prêche enflammé, on expliqua les principes de liberté et de justice qui sont à la base du gouvernement républicain. Les Sardes furent transportés d'enthousiasme et, sur-le-champ et à haute voix, ils jurèrent de ne plus vouloir appartenir qu'à la République française, et, dans le cas où celle-ci ne consentirait pas à les protéger ou à les garder, ils demandaient à s'établir en France et à abandonner leurs terres et leurs maisons. L'idéal que promettait la France était intelligible à tous. En souvenir de ce beau jour, l'île fut baptisée Ile de la Liberté. Puis, conformément aux principes adoptés par la République, la cité choisit la municipalité et un juge de paix. Il ne restait plus qu'à fêter l'avènement du nouveau régime par une cérémonie publique et solennelle. C'était le 10 janvier. Ce jour-là, les femmes, qui ne se montraient que rarement, se joignirent à leurs époux et, en farandole joyeuse, avec les marins et les soldats, on alla planter l'arbre de la Liberté. Deux salves de vingt-trois coups de canon le saluèrent, tirées l'une par le *Léopard*, l'autre par la citadelle ; et, tandis que le canon tonnait, on dansait, on chantait la *Carmagnole* et le *Cà ira*, et on renversait la statue de marbre de Charles-Emmanuel aux cris répétés de : « A bas les tyrans ! »

San Pietro était une première étape vers l'île de Sant'-Antiocho, où Truguet pensait établir sa base d'opérations. De là, en effet, il était possible de tourner les défenses de Cagliari en prenant la route d'Iglésias. Le commandant du *Léopard* jugeait avantageux de profiter de notre succès pour marcher aussitôt vers Sant'Antiocho ; il fit part de ses vues au commandant de la division, à l'ancre dans le golfe de Palmas. Celui-ci, Landais, réunit à bord du *Patriote* un conseil de guerre ; après une séance fort longue où l'on émit des avis divers, on passa au vote. Les capitaines Brueys et de Goy déclarèrent qu'il convenait de s'emparer de Sant'Antiocho ; au contraire, les capitaines Trogoff, Vaultier, Haumont et Cazotto pensèrent qu'il fallait en ajourner la prise. Ce fut donc une majorité ridicule qui décida du maintien du *statu quo*. Heureusement, Truguet arriva le 13 et, mettant fin à tant d'hésitations incompréhensibles, donna l'ordre d'occuper la presqu'île de San'Antiocho, dès le lendemain.

Cette presqu'île est reliée à la terre par une étroite lagune de terre. Elle est située à l'ouest de deux rivières, le rio Flumentipido et le rio Palmas, qui ouvrent l'accès de la vallée du rio Sixerri. Le rio Palmas permet de traverser de l'ouest à l'est le massif montagneux qui est au sud-ouest de Cagliari par le sentier de San Giorgio. Le rio Flumentipido, plus au nord, est la route d'Iglésias et de Villamansargia. C'est une voie excellente ; la vallée est riche et permet d'éviter toute vexation de la part de partisans. On arrive ainsi, par deux jours de marche, au sud de Decimo-

Mannu, dans le Campidano de Cagliari, en prenant à revèrs les défenses de cette place.

La prise de Sant'Antiocho avait donc, au point de vue des opérations, une importance considérable qui n'avait pas échappé aux Sardes. Aussi avaient-ils dépêché au viceroi le marquis de Villamarina et le chevalier Girolamo Pitzolo pour lui montrer la nécessité de défendre la presqu'île; mais Balbiano n'était pas d'avis qu'il fallait en garder la possession, et il resta intraitable dans ses résolutions. Malgré tout, l'attention des chefs de la défense était retenue par la valeur militaire de Sant'Antiocho. Le baron de la Rochette d'abord, le capitaine Camurati ensuite, avaient résolu d'empêcher, si possible, tout débarquement entre Sulcis et Porto Paglia, si bien que, lorsque Truguet décida de prendre la presqu'île, il se heurta à la résistance du capitaine Camurati. Celui-ci occupait les retranchements improvisés de Sant'Antiocho avec 200 dragons; et 1.200 fantassins disséminés le long de la côte, à Pont-Sainte-Catherine, à Palmas, à Sulcis, à Porto Paglia et Porto Scuzo, étaient prêts à l'appuyer. Afin de se rendre maître de la presqu'île, Truguet prit les dispositions suivantes : le *Tricolore* devait, en s'approchant le plus possible de la côte, interdire par son canon le passage de Pont-Sainte-Catherine à Sant'Antiocho et isoler ainsi Camurati dans la presqu'île ; d'autre part, le *Scipion* devait protéger de son mouillage le débarquement des troupes françaises vers Calasetta. Avant d'agir par la force, Truguet, conformément à ses principes, envoya le lieutenant de vaisseau Rheydellet de Sessel en parlementaire, avec un tambour et un caporal, pour sommer Camurati de se rendre dans le délai d'une heure.

Camurati demanda qu'on lui accordât deux heures afin de pouvoir provoquer des ordres. Le Sarde avait son plan. A la hâte, il fait avertir secrètement les populations du danger qui les menace et leur donne l'ordre de se diriger aussitôt vers Pont-Sainte-Catherine avec les femmes et les enfants, d'emporter le blé et d'emmener le bétail. De ce fait, plus de 1.000 bêtes à cornes allaient échapper aux Français.

Quand l'évacuation fut terminée, Camurati rejoignit les renforts (1) de troupes que lui emmenait Philippe Buschetti et, au milieu de ses soldats, attendit que les deux heures fussent écoulées. Enfin Rheydellet se présente et lui demande notification de sa décision ; Camurati reste muet et le fait prisonnier avec son escorte.

Quant au *Tricolore*, surpris dans sa bonne foi, il laissa s'exécuter, sans l'inquiéter, ce mouvement de retraite de l'ennemi.

La presqu'île de Sant'Antiocho était évacuée ; les Français en prirent possession sans coup férir. Elle pouvait devenir une excellente base d'opérations avec l'île de San Pietro, et être mise complètement à l'abri des attaques de l'infanterie et de la cavalerie sardes, si l'on barrait, à l'aide du canon, l'étroite lagune de terre qui la réunissait à la terre. Le capitaine du génie Ravier fut chargé d'élever les retranchements, auxquels travaillèrent avec ardeur les soldats et les équipages des vaisseaux. En attendant qu'ils soient terminés, la frégate *l'Hélène* devait protéger Sant'Antiocho du côté de Las Palmas et ensuite croiser sur le cap Tollard et sur la Vache, atterrage de San Pietro.

Quatre canons, tirés des gaillards d'avant de *l'Hélène*, furent transportés à terre au prix de mille difficultés et réunis en une batterie servie par 9 canonniers. Bien retranchée, cette batterie interdisait les débouchés de Pont-Sainte-Catherine et isolait ainsi la presqu'île de la Sardaigne.

Enfin, on dota Sant'Antiocho d'une garnison de 60 hom-

---

(1) Ces renforts étaient composés de toutes sortes de gens fanatisés par le dominicain Arrius. Soldat et prêtre, il faisait réciter à haute voix et avec ensemble des prières, afin que Dieu, dans sa clémence, sauvât la Sardaigne de ces démons de Français.

mes et l'on installa à Carloforte un hôpital d'une cinquan-
taine de lits.

Tandis que s'organisait ainsi l'occupation de l'île de San
Pietro et de la presqu'île de Sant'Antiocho, l'amiral Truguet protestait contre la violation du droit des gens dont
notre parlementaire Rheydellet avait été victime. « Je ne
croyais pas, disait-il, qu'il y avait en Sardaigne des bandits comme à Oneglia et qu'on n'y avait pas le respect de
l'étendard d'un parlementaire. » Il demandait, sous peine
de représailles, que le vice-roi le remît en liberté sain et
sauf, ainsi que les deux soldats. Malheur surtout s'il leur
était fait le moindre mal : il y allait de la tête des princi-
paux chefs de la défense et de celle du vice-roi lui-même.

VIII

Encouragé par la molle résistance des Sardes, séduit par les rapports du consul Guis, entraîné par Péraldi qui désire entrer à Cagliari avant l'arrivée d'Aréna, Truguet voulut risquer un coup de main. Le 21, il mit donc à la voile vers Spartivento avec 11 vaisseaux, 6 frégates et corvettes et 3 bombardes. Le 22, il doubla le cap; le 23, après avoir passé la pointe de Pula, il mouilla dans le golfe, hors de portée des canons de la capitale, drapeaux tricolores déployés.

Truguet avait abandonné son premier plan; il renonçait à tourner Cagliari par la route plus longue mais plus sûre d'Iglésias; il voulait maintenant débarquer en face de la ville et la prendre au besoin par la force si les habitants n'acceptaient point de plein gré l'annexion à la France.

Le 24 janvier, le capitaine de vaisseau Villeneuve, major de l'escadre, Péraldi, commissaire du gouvernement, Buonarotti, de Florence, un tambour et quelques hommes armés s'avançaient vers les Cagliaritains étonnés. Leur embarcation battait, en signe d'alliance, pavillon sarde à l'avant et drapeau tricolore à l'arrière. Nos envoyés étaient porteurs de proclamations enflammées qui annonçaient au peuple sarde l'avènement d'un régime de liberté et la ruine de la lourde tyrannie des rois du Piémont. Une pareille tentative aurait pu avoir une heureuse fortune et gagner à notre cause bien de ces volontés chancelantes que la noblesse et le clergé excitaient avec peine. N'avait-on pas déjà vu, dans des circonstances analogues, le roi de Naples céder aux paroles éloquentes d'un secrétaire d'ambassade déguisé en grenadier ? Quelques promesses et quelques menaces ne pourraient-elles point triompher de la timidité et des faibles convictions des autorités ? Doutant de la fidélité du peuple, surtout manquant de confiance en eux-mêmes, ceux qui dirigeaient la défense sentaient toute la nécessité de ne point laisser accoster la chaloupe française. Par ordre, les miliciens sardes firent signe à nos parlementaires de prendre le large et tirèrent un coup de canon à blanc. Les Français, grisés d'enthousiasme et convaincus que leur mission ne pouvait échouer, crurent à une démonstration d'amitié et continuèrent à avancer. Alors éclata un feu de mousqueterie nourri qui les surprit et les fit hésiter; une nouvelle décharge de mitraille éclaircit bientôt leurs doutes et ils rebroussèrent chemin sous une pluie de projectiles. Par bonheur, la chaloupe ne fut pas atteinte et parvint à se dissimuler rapidement au milieu des navires étrangers ancrés dans la rade. La démarche de Truguet ne réussissait pas mieux à Cagliari qu'à Oneglia.

L'amiral ne se découragea pas cependant. Il restait persuadé que les Cagliaritains seraient sensibles à ses discours ; il comptait d'une façon absolue sur les sympathies des Sardes pour la République, si bien que, le soir même de l'incident, il se rendait à bord d'un navire suédois mouillé dans le port et remettait au consul de cette nation un ballot de proclamations à répandre dans Cagliari.

Puis il attendit le résultat de cette suprême tentative. Elle fut sans succès.

Truguet se décida alors à employer les moyens d'intimidation. Le 27, le *Patriote*, le *Centaure*, l'*Orion*, le *Généreux*, la frégate *la Junon* et trois galiotes à bombes formant division d'avant-garde, sous les ordres du capitaine Landais, mouillèrent à grande portée de canon pour exécuter le soir un tir d'essai. Les bombes éclatèrent en l'air et les boulets tombèrent dans la mer. Les batteries de la défense ripostèrent aussi, mais sans efficacité, car les poudres étaient mouillées. Et les Cagliaritains, debout sur les remparts de la ville, assistèrent à ce duel curieux de deux artilleries qui, durant une heure, échangèrent des obus inoffensifs.

Le 28 au matin, Truguet donna l'ordre à la division d'avant-garde de se rapprocher. Les vaisseaux s'embossèrent à bonne distance et trois bombardes se hâlèrent sur des ancres de jet posées par la *Vestale*. A 7 heures, le *Patriote*, l'*Orion* et le *Généreux* ouvrirent un feu violent sur la ville et la citadelle ; malheureusement, ce tir, effectué sous trop grand angle, fut sans effet et, vers 1 heure de l'après-midi, les vaisseaux se replièrent en tirant en retraite, protégés par le feu des galiotes. Les batteries de Cagliari ripostaient vigoureusement à boulets rouges et le canon se tut de part et d'autre vers 5 heures. Les dommages étaient peu considérables. La *Junon* seule, qui était à la gauche dans le mouvement de retraite, avait perdu cinq hommes et subi un commencement d'incendie.

Dans Cagliari, trois cahutes étaient démolies, ainsi qu'un petit magasin à poudre dans le bassin de la Zecca.

Au point de vue moral, les conséquences de ce premier bombardement étaient autrement importantes. Les milices sardes avaient reçu le baptême du feu et pris plus de confiance en elles-mêmes. Pour quelques tièdes républicains, pour les indécis, le vice-roi représentait le parti vainqueur, celui qui détient la force qu'on doit respecter. La flotte française ne semblait plus d'une puissance irrésistible et redoutable, et les nobles et le clergé en profitaient pour exalter tous les courages et pousser avec ardeur le peuple à faire une résistance fière et vigoureuse. Truguet voyait avec peine sa tentative avorter piteusement, les équipages gardaient une impression pénible de ce coup de main qui n'avait pas réussi. Il fallait maintenant attaquer méthodiquement la place; on devait surtout, au risque d'abuser de la patience de tous, attendre l'arrivée du convoi des volontaires marseillais et aussi des vivres dont l'escadre manquait depuis longtemps. On était ainsi à la merci des vents.

IX

Les volontaires provençaux à Bastia et à Ajaccio. — Le général
Casabianca prend le commandement du corps expéditionnaire. —
La flottille, dispersée par les vents, se réunit enfin à Cagliari.

Depuis qu'ils avaient été enrôlés, les volontaires provençaux n'avaient cessé de créer des difficultés de toute
sorte. Leurs bataillons erraient sur les côtes de Provence
en attendant d'être embarqués. Les rivalités des départements des Bouches-du-Rhône et du Var, et surtout l'absence d'ordres de la part du général d'Anselme, avaient
créé une situation inextricable qui ruinait le Trésor sans
profit pour la République.

Trente-neuf bâtiments de transport étaient nolisés
depuis trois mois. Les approvisionnements dont ils étaient
chargés se corrompaient, les moutons mouraient de
maladie, les foins pourrissaient, le biscuit se gâtait. Il
était nécessaire, écrivait le commissaire Maurice, de re-
nouveller la cargaison. Quant aux volontaires, ils se
livraient à toutes sortes de méfaits. D'Anselme était res-
ponsable de cet état de choses ; tout provenait de sa négli-
gence, de son indifférence à l'égard des bataillons de volontaires, et de son hostilité toujours croissante pour l'expédition de Sardaigne. « Il est bon de vous dire, disait
Maurice, que partout je n'entends dire que des horreurs
sur le compte de d'Anselme ; tout le monde voudrait sa
destitution, et tout le monde jure qu'il a perdu la confiance
dont il était digne (1). »

Enfin, on avait pu procéder à l'embarquement des

---

(1) Lettre de Maurice à son frère, 10 décembre 1792.

volontaires provençaux. Le 6 janvier, la flotte de transport, sous la conduite de la *Poulette* et du *Commerce-de-
Bordeaux*, tentait, mais en vain, de sortir du port.

Le 8, cependant, on quitta Villefranche et l'on mit à la
voile pour la Corse. Le traversée paraissait devoir être
heureuse et, le 12, les volontaires étaient déjà près d'Ajaccio, quand une violente tempête dispersa le convoi. Une
quinzaine de transports parvinrent à gagner Ajaccio ;
quelques-uns durent se réfugier à Calvi, à Saint-Florent ;
d'autres furent poussés jusque sur les côtes de Provence.
La mer avait beaucoup fatigué les volontaires. Embarqués
sans soin, entassés pêle-mêle, sans nattes ni couvertures,
ils manquaient du moindre confort. Aussi, ceux qui arrivèrent à Calvi demandèrent à être mis à terre et à gagner
Ajaccio par la route. Leur chef, incapable d'imposer sa
volonté, accéda à leur requête et rendit compte à Paoli
que, après avoir laissé les hommes nécessaires à la garde
des transports, il se dirigeait vers le point de concentration des troupes, vers Ajaccio, en emmenant les volontaires corses de Calvi, conformément aux instructions de
Brunet. Cette mission avait été spécialement confiée aux
citoyens Léoni et Joseph Aréna, qui, éloignés de l'île par
Paoli, commandaient les volontaires corses à Nice.

Sous prétexte de prévenir de nouveaux incidents entre
insulaires et continentaux, Paoli envoya aussitôt l'ordre
au maréchal de camp Maudet, qui commandait la place
de Calvi, et au lieutenant-colonel Murati de forcer Léoni
et Joseph Aréna à se rembarquer immédiatement avec
toutes leurs troupes, de les mettre aux arrêts et d'obtenir
la stricte obéissance aux ordres reçus en agissant au besoin par la force.

De même que ceux qui avaient relâché à Calvi, les volontaires qui avaient débarqué à Saint-Florent le 13 janvier étaient exaspérés par les fatigues de la traversée.
Comme Saint-Florent n'offrait aucune commodité pour une

troupe de 2.000 hommes, les Marseillais obtinrent d'être conduits à Bastia. Ils espéraient y trouver des vivres et des logements et pouvoir ainsi se reposer à l'aise pendant quelques jours.

Le 14 au soir, ils arrivèrent aux portes de la ville. Les Bastiais allèrent au-devant d'eux et les accueillirent avec des marques de sympathie significatives. Chacun se fit un devoir de les installer aussi bien que possible chez soi. Enfin la ville entière se prépara à donner des fêtes publiques en l'honneur des nouveaux hôtes.

Le lendemain, vers 10 h. 1/2 du matin, les volontaires marseillais et les grenadiers du régiment de Bresse, heureux de célébrer leur rencontre en terre corse, se présentèrent en farandole bruyante à la citadelle de Terra-Nova. Ces jeunes cervelles ne rêvaient que de faire montre de zèle révolutionnaire. « Les fleurs de lys, dirent-ils, qui ornent les murailles du donjon doivent être effacées par la main des sans-culottes. Qu'on nous laisse entrer ! » Mais le donjon est gardé par un poste de volontaires corses, dont la consigne est de ne laisser passer personne; pour toute réponse, on ferme la porte. Il n'en fallut pas davantage pour déchaîner chez les Marseillais la plus grande fureur. Ils saisissent une massue de fer, et aux cris de : « A bas les aristocrates ! A la lanterne ! » ils essayent d'enfoncer la porte de la citadelle. Sur ces entrefaites, accourt le lieutenant-colonel Giampiétri, du bataillon corse; il fait ouvrir le guichet et veut faire entendre raison à ces indisciplinés. Son attitude le dénonce comme un aristocrate et un ami de Paoli, comme un ennemi d'Aréna, l'un des chefs vénérés des sans-culottes en Provence. Aussitôt un Marseillais lui saute à la gorge en criant : « A la lanterne ! » et lui porte un coup de sabre qui, par hasard, ne l'atteint pas. La sentinelle, voyant son chef en péril, tire sur le Marseillais qui tient Giampiétri et le frappe mortellement. Le lieutenant-colonel était sauf et l'agresseur disparut, emporté par ses camarades. Mais ceux-ci en conçurent la plus vive irritation, et sur place résolurent de venger dans le sang leur malheureux frère d'armes. En conséquence, ils se retirèrent sous les murs de la citadelle, afin de prendre les dispositions convenables.

La situation paraissait grave. Prévenu à la hâte, don Grazio Rossi, commandant de la place, accourut, accompagné du général Dhiller et des officiers. Les Marseillais écoutèrent, impassibles, les objurgations et pour toute réponse demandèrent 6.000 cartouches. « Nous voulons chasser, dirent-ils, les aristocrates qui occupent la citadelle, et nous les remplacerons par des patriotes comme ceux du régiment de Bresse. » Ils revendiquaient hautement l'honneur d'exécuter cette besogne. Don Grazio Rossi refusa de céder à d'aussi étranges prétentions et tint tête énergiquement, malgré le péril, à cette bande de forcenés. Enfin, après bien des difficultés, le calme sembla se rétablir. Ces anarchistes, comme les appelait Napoléon Bonaparte, s'en allèrent chercher un autre champ pour leurs exploits. Ils pillèrent toute la journée boutiques et maisons, brûlèrent les croix, profanèrent les autels, fouillèrent les tombeaux. toujours à la recherche d'aristocrates et de prêtres à lanterner.

Rossi était impuissant ; il ne pouvait faire fond sur aucune des troupes de ligne de la garnison; d'autre part, il lui était impossible d'employer les volontaires corses. Il donna l'ordre aux officiers de faire de leur mieux, afin de ramener le calme dans ces cerveaux enivrés de civisme et, grâce au dévouement de ses subordonnés, l'ordre se rétablit peu à peu dans la ville. Bientôt les cris de : « A bas les aristocrates ! A la lanterne ! » cessèrent de se faire entendre. Les Marseillais, convaincus de leurs méfaits, firent amende honorable et déclarèrent n'avoir agi qu'à l'instigation d'Aréna. Puis, promettant d'oublier leurs querelles, ils consentirent à demander au lieutenant-colonel Giampiétri de vivre en parfaite union avec leurs frères d'armes corses.

Mais le bruit de ces excès avait couru dans le pays, et les paysans, fidèles aux traditions, se portèrent en masse au secours de leurs parents et amis volontaires. Vêtus de noir, le fusil sur l'épaule, stylet et pistolet à la ceinture, ces hommes à la barbe inculte se présentèrent, le 17, de grand matin, aux portes de la ville de Bastia. « Nous appartenons au régiment de la Mort, dirent-ils, nous venons venger les nôtres ! »

Et l'attitude fièrement énergique de ces montagnards décida les Marseillais à regagner Saint-Florent, d'où ils mirent à la voile pour Ajaccio.

Paoli rendit compte au ministre de tous ces fâcheux événements. Il accusa Aréna, son ennemi personnel, d'être le lâche instigateur de ces désordres qui révoltaient les bons citoyens et déshonoraient les Marseillais : « Il est bien amer, écrivait-il, d'être desservi avec autant de haine; mais ma réputation est au-dessus des intrigants que le peuple connaît et méprise hautement (1). » « Il est d'ailleurs notoire que les insinuations de quelques mauvais citoyens ont égaré les volontaires des Bouches-du-Rhône, en leur conseillant de lanterner un nombre de personnes désignées dans une liste de proscription qui a circulé dans Bastia. On s'accorde à regarder comme l'auteur de cette trame un citoyen de ce pays, qui est nanti d'une commission dont il paraît vouloir mésuser au mépris des instructions sages qui lui ont été données (2). »

A Ajaccio se produisaient encore des incidents regret-

---

(1) Lettre du 16 janvier 1793.
(2) Lettre du 25 janvier 1793.

tables. Le général Casabianca, ayant puni un officier du bataillon des volontaires marseillais, ceux-ci allèrent le réclamer à la citadelle, les armes à la main. La sentinelle du bataillon des volontaires corses qui y étaient casernés refusa de les laisser entrer. Un Marseillais, d'un coup de feu, abattit le Corse, originaire d'Alesani, aux pieds même de Casabianca.

Le général essuya les menaces et les insultes des soldats irrités ; mais, ferme malgré tout, il parvint à mettre fin à cet acte honteux d'indiscipline collective. Cependant les méfaits ne cessèrent pas. Un lieutenant-colonel, séduit par les beaux yeux d'une Ajaccienne, l'enleva à son mari, pilla sa boutique d'orfèvre et fit embarquer à bord de son navire sa belle captive. Il fallait beaucoup d'énergie pour contenir le peuple corse, qui était exaspéré. « Il n'aurait pas fallu longtemps, disait Paoli, pour faire la place nette, mais on ne saurait assez souffrir pour épargner le sang de ses frères et attendre qu'ils soient mieux dirigés. »

L'impression que laissait le passage de cette troupe était navrante ; tout faisait présager les plus grands malheurs.

Le 21 janvier, Aréna remettait à Casabianca la lettre qui le nommait chef du corps expéditionnaire à la place de Brunet, celui-ci, malgré ses désirs, n'ayant pu au dernier moment abandonner l'armée d'Italie. A cette nouvelle qui flattait leur amour-propre, les volontaires corses exultèrent de joie, et le lieutenant-colonel Casalta, qui était à Ajaccio, sollicita l'honneur de suivre son général (1).

Raphaël Casabianca était né à Vescovato, en Corse, en 1738. Il avait fait toute sa carrière militaire à la tête de

---

(1) Paoli devait lui refuser cette faveur.

Expédition de Sardaigne.   6

troupes corses. Le 25 juillet 1791, il était nommé colonel
du 49ᵉ régiment d'infanterie. C'est avec ce régiment qu'il
avait pris part à la retraite de Mons, où sa conduite énergique lui avait valu le grade de général de brigade (30
mai 1792.)

Il était fermement soutenu par Aréna, dont il partageait
l'amitié, et se montrait en toute occasion fervent partisan
du régime nouveau. En récompense de son zèle révolutionnaire, il avait été nommé commandant en second la 23ᵉ
division.

Ses qualités militaires l'imposaient moins que son ja-
cobinisme ; c'était un médiocre général, un brave homme
sans valeur.

Après leurs tristes exploits de Bastia, les volontaires
s'étaient embarqués (1) le 22 janvier, afin de rallier à
Ajaccio l'autre partie du convoi. Malheureusement, les
vents dispersèrent l'escadrille au moment où elle doublait
le cap Corse, et repoussèrent une dizaine de navires de
transport jusqu'à Villefranche, où le *Commerce-de-Bordeaux* vint mouiller. Cela permit au capitaine de Saint-Julien de réunir les transports que la tempête du 17 janvier
avait rejetés sur les côtes de Provence et que les volontaires avaient depuis longtemps abandonnés.

Le 26, deux autres transports arrivèrent encore à Villefranche. Les volontaires obtinrent, par leurs menaces,
d'être mis à terre. Le commissaire Pourcel fit accorder à
tous quelques jours de repos. Les chefs les perdirent à
parlementer. Pendant ce temps, le *Commerce-de-Bordeaux*
se rendit à Hyères afin d'y trouver un mouillage meilleur,
en attendant l'ordre de départ.

Tant de retards finirent par inquiéter Brunet, qui donna
l'ordre de partir sans délai; grâce à son énergique inter-

---

(1) Leur escadrille comptait 15 navires environ.

vention, la flotte reprit le large; c'était le 1er février. Le 7, un violent grain sépara encore les transports; un capitaine fut obligé, par les troupes qu'il avait à son bord, de se réfugier à Baïa, près de Naples.

Il commandait le navire porteur des munitions de la plus grande partie du corps expéditionnaire, si bien que celui-ci débarquera à Cagliari, privé de ses cartouches. « Cet inconvénient venait, à la vérité, dit Casabianca, d'un contretemps qu'on ne pouvait absolument empêcher; mais on devait et on pouvait le prévoir. Il est toujours de la dernière imprudence de compter, pour être approvisionné à temps, sur quelque chose d'aussi inconstant que la mer et les vents, surtout en hiver. »

X

Opérations contre Cagliari. — Les fortifications de la ville. — Plan de Truguet. — Opérations combinées des deux corps de débarquement et de l'escadre. — Marche sur Cagliari. — La déroute.

Après un concours de circonstances malheureuses, aggravées encore par l'indiscipline des volontaires marseillais, les opérations allaient commencer contre Cagliari. Déjà nous avions perdu le bénéfice de la surprise ; d'un autre côté, par un premier bombardement sans résultat, Truguet avait excité inutilement le zèle de la défense. Il eût mieux valu n'attaquer qu'avec toutes les forces réunies, afin d'imposer davantage à l'ennemi.

Les Sardes avaient cessé de voir en la France une puissance irrésistible, capable de changer leurs destinées. Il importait de relever notre prestige si gravement atteint et d'essayer de reconquérir bien des sympathies révolutionnaires chaque jour plus irrésolues. Il fallait maintenant agir avec d'autant plus de vigueur que les choses avaient traîné davantage en longueur.

Quoi qu'en eût pensé Truguet, Cagliari avait encore quelques fortifications respectables. La ville proprement dite se composait de deux parties séparées par un vieux rempart ; une mauvaise enceinte les enveloppait et dominait à l'est le faubourg de Villanova et à l'ouest celui de Stampace. Les quatre faces de Cagliari étaient couvertes soit par des étangs, soit par des ouvrages artificiels. L'embouchure marécageuse du Rio la défendait du côté de Stampace, les lagunes de Quartu, du côté de Villanova. Au nord, le château de San Michele, armé de six pièces de faible calibre, dominait la ville ; au sud, le mont Murtal surveillait de ses feux l'anse de Calamosca et la baie de Quartu. La défense était complétée par une série de tours égrenées le long de la côte.

Au moment où les opérations allaient commencer, le front de mer de Cagliari était armé de trente-huit pièces de 18 et de deux couleuvrines de 32. Cette artillerie était répartie entre les batteries basses de la darse et du môle et celles des remparts. Des pièces de 12 battaient les approches vers l'est, et la défense de la plage della Scaffa était confiée à un bataillon d'infanterie et à 120 cavaliers appuyés sur une redoute. Le lazaret était défendu par seize canons de campagne et par les six pièces du mont Murtal; la tour de Saint-Elie s'avançait dans la mer armée de deux bouches à feu, dont une sous casemate. Enfin, à l'est, et comme pour compléter la défense, on avait élevé à la hâte, dans le village de Quartu, une redoute de quatre pièces d'artillerie.

Les Cagliaritains avaient pensé d'abord que les troupes françaises effectueraient leur débarquement de préférence dans l'anse de Quartu et prendraient comme premier objectif soit le mont Murtal, soit Quartu ; à la réflexion, ils envisagèrent la possibilité d'une attaque de la ville par l'ouest, par l'anse de Calamosca, et, pour faire face à toutes les hypothèses, ils disposèrent leurs troupes mobiles à l'est et à l'ouest du mont Murtal : à l'ouest, les miliciens du marquis Léonelli, du vicomte de Flumini et de Montaléone, formant trois bataillons, pour surveiller la baie de Calamosca ; sur le versant est de ce promontoire, 600 miliciens commandés par l'avocat Pizzoli et 300 cavaliers aux ordres de Cerutti, observant la côte jusqu'à la tour del Poete. A Quartu, 800 cavaliers et 500 fantassins, aux ordres du commandant des dragons, le baron de Saint-Amour, gardaient la plaine dans une situation très favorable à la défense. Enfin, sur les points de la côte, marqués par les tours de Sant'Andréa et del Mortorio, s'échelonnaient des postes de surveillance.

La réserve était constituée par un bataillon placé, en deuxième ligne, au mont San Michele. Le reste des forces sardes assurait le service à l'intérieur de la ville.

Les approvisionnements furent complétés par les soins des magistrats ; on tira des cantons voisins tout le blé qu'ils purent fournir ; on construisit des fours dans les grottes de la citadelle et la ville se mit ainsi à l'abri du besoin pour deux mois. Les dispositions prises par les Cagliaritains ne manquaient pas d'à-propos. Les défenseurs paraissaient résolus à faire bonne résistance.

Le 10 février, afin d'arrêter le plan de l'attaque, l'amiral Truguet convoqua à son bord un conseil de guerre. Il décida que, pour lier le mieux possible l'action de l'escadre et celle des troupes de débarquement, le mont Murtal serait choisi comme premier objectif et que les opérations se dérouleraient de la façon suivante :

Le général Casabianca devait débarquer dans l'anse de Quartu et marcher sur ce village en côtoyant la mer. Pour favoriser sa marche, Latouche-Tréville exécuterait, en même temps, une attaque, sur les pentes occidentales du promontoire Saint-Elie, à l'aide de 700 hommes qui seraient mis à terre sous le commandement du capitaine Forget, du 39e. Cette opération réussie, Forget rejoindrait Casabianca au mont Murtal. Quant à l'escadre, une division devait battre de ses projectiles le lazaret et les environs et en interdire l'accès aux secours ennemis, tandis que l'autre moitié des vaisseaux, sous les ordres de Trogoff, bombarderait la ville (1).

---

(1) Le soir même de l'attaque des vaisseaux sur la ville, attaque qui aura lieu en même temps que le débarquement de l'armée, le contre-amiral fera embarquer dans ses canots les détachements du *Languedoc*, de l'*Entreprenant*, du *Scipion*, du *Généreux*, du *Patriote* et de l'*Orion*. Et après que le *Patriote* et le *Scipion* auront tiré quelques coups de canon sur le lazaret et sur la tour, il menacera d'un débarquement dans l'anse qui est sous la tour. Mais les détachements reviendront à bord la nuit, et il les fera disposer à une attaque vraie, le lendemain au point du jour, au même moment où la colonne de l'armée viendra donner l'assaut au morne de la batterie haute. Le rendez-vous sera sur le haut du morne, où se trouve la batterie, et, auparavant, le *Patriote* et le *Scipion* balayeront tout ce qui pourrait se trouver de rassemblement vers ces lieux. (Instructions de Truguet, 10 février 1793.)

Truguet considérait la tour de Saint-Elie comme un point d'une importance capitale, car elle maîtrisait les hauteurs de Bonnaire et permettait d'établir facilement les communications entre l'escadre et l'armée de terre. La tour de Saint-Elie occupée, on pouvait garnir Bonnaire de batteries de canons marins et de mortiers qui auraient pu éteindre le feu des bastions de la ville et prendre à revers les batteries de la marine à boulets rouges.

Nos vaisseaux libres alors dans leurs mouvements, nous pouvions débarquer sans difficultés, au pied même des hauteurs de Bonnaire, plusieurs gros canons marins qui n'avaient qu'un court trajet à faire pour arriver à la place.

« Alors, traversant le faubourg à l'abri de tout feu par quelques épaulements, on pouvait établir jusque sur le chemin couvert la plus terrible des artilleries qui bientôt eût ouvert la brèche, en supposant que les assiégés eussent la témérité de l'attendre.

» Des hauteurs de Bonnaire, on domine la campagne et quatre ou cinq villages qui auraient pu fournir bestiaux, vin et provisions de toute espèce. »

Le 11 février, le contre-amiral Truguet quitta l'anse de Calamosca avec les vaisseaux *le Centaure* et *l'Apollon*, les frégates *la Vestale*, *l'Aréthuse*, *la Junon*, la corvette *la Brune*, la bombarde *la Lutine* et trente-trois bâtiments de transport arrivés le 2 avec Aréna.

L'arrivée du convoi du corps expéditionnaire avait fait entrevoir à tous la fin prochaine des opérations et rendu l'énergie aux plus faibles. Depuis trois mois, les marins souffraient de toutes sortes de privations ; la mer les avait fatigués, la maladie les avait épuisés et, sans vivres et sans effets, ils attendaient avec calme et patience la fin de leurs maux. Ils espéraient une victoire prochaine et un triomphe de plus pour la cause de la liberté.

Lorsque le convoi parut, « la joie éclata sur tous les

vaisseaux et, à l'instant, toutes les peines passées furent, oubliées. On ne pensa qu'à braver de nouveaux dangers et l'on voyait déjà le pavillon tricolore flotter sur une ville perfide. Tous étaient électrisés de la même ardeur et du même désir de vaincre. La patrie et le désir en imposaient la double obligation ».

Truguet reçut de partout des députations qui, au nom des troupes, lui demandèrent le débarquement. « Tout mon embarras, dit-il, était de contenir les élans du courage et la fureur de la vengeance contre des traîtres qui avaient violé envers nous les droits les plus sacrés des nations. Chaque soldat républicain, calculant sa valeur, se croyait supérieur à dix esclaves du despotisme. Je ne demandai à ces braves troupes, à ces volontaires nationaux, que le temps de combiner une attaque avec le maréchal de camp Casabianca, leur chef particulier, et mon cœur ému éprouva un orgueil secret de diriger de pareils hommes dans une entreprise pour le triomphe de la liberté. »

De même que Péraldi, Truguet se laissait illusionner par les élans enthousiastes des Marseillais.

Quoi qu'il en soit, ils furent rassemblés dans le golfe de Quartu, en vue du débarquement qui devait avoir lieu le lendemain. Malheureusement, le mauvais état de la mer ne permit pas, le 12, de procéder à l'opération ; bien plus, le vent augmentant dans la nuit du 12 au 13, l'*Apollon* cassa ses amarres et fut obligé de gagner le large ainsi que deux transports.

Le 14, la tempête cessa et permit de reprendre l'action. Au signal de Truguet, bien que l'*Apollon*, qui portait 600 hommes de ligne et le dépôt de cartouches, n'eût pas rejoint, les deux frégates se rapprochèrent de la côte et envoyèrent quelque mitraille sur les bandes non aguerries du baron de Saint-Amour. Aux premiers coups de canon, celles-ci se débandèrent ; en vain le baron chercha à ramener chez elles le calme et la confiance : il fut obligé de se replier, en laissant quelques postes d'observation; enfin, abandonné par les siens, il dut assister en spectateur impuissant à l'accostage des embarcations françaises.

Ce fut à l'endroit où avaient débarqué les Espagnols autrefois, au point appelé Margine Rosso, dans la baie des Salines, que mirent pied à terre Casabianca, l'état-major, Aréna, 4.000 hommes ayant avec eux six canons de 4 et trois jours de vivres (1). L'opération fut terminée dans la matinée.

Les volontaires, aussitôt, s'emparèrent sans coup férir de la tour voisine de Martorio, à droite, et, à gauche, d'une briqueterie qu'ils incendièrent. Puis, avec une ardeur de sans-culottes, ils se portèrent vers la chapelle de Sant'-Andréa, que gardait une patrouille de dragons sardes. En vain ceux-ci essayèrent d'opposer quelque résistance ; ils furent obligés de se replier, laissant deux chevaux et leur chef entre les mains des Marseillais. Aussitôt l'église fut pillée, les cloches enlevées et les statues des saints brisées. Dans cette escarmouche, les volontaires n'avaient perdu qu'un des leurs ; à leurs yeux, c'était beaucoup trop. Pour venger leur frère, ils coupèrent la tête du capitaine Serra-mana et la portèrent comme un glorieux trophée au camp français. Les représailles des Marseillais avaient été terribles, mais indignes de soldats républicains.

Ainsi s'effectuait, suivant les ordres de Truguet, le débarquement, tandis que l'autre partie de la flotte, mouillée devant Saint-Elie, bombardait Cagliari. Ce même jour, le 14, malgré le temps, le *Patriote* et l'*Orion* s'embossè-rent près de la côte, sous un feu violent de la tour Saint-Elie. Ils ripostèrent vigoureusement à la canonnade enne-

---

(1) L'historien Manno ainsi que Pinelli critiquent vivement la dé-fense de n'avoir pas fait donner la cavalerie au moment où les Français débarquaient. Manno dit que Vincento Sulis et le Cagliaritain Agostino Fadda auraient bien voulu agir, mais que le baron de Saint-Amour les obligea à l'inaction.

mie, pendant que le *Scipion*, l'*Entreprenant* et la galiote
l'*Iphigénie* se dirigèrent vers le lazaret. Leurs canons eurent bien vite réduit à l'inaction les milices, qui, épouvan-
tées par la mitraille, s'enfuirent vers le mont Murtal pour
y trouver abri. A 10 heures du matin, pour relier les deux
groupes opérant contre le lazaret et contre la tour Saint-
Elie, le *Languedoc* vint se placer face à la tour des Signaux. Le contre-amiral Trogoff se rapprochait à son tour
avec sa division pour renforcer l'attaque, quand, tout à
coup, le vent tomba. Ses galiotes et ses vaisseaux furent
obligés de jeter l'ancre ; mais c'était trop loin de la côte
pour effectuer un tir efficace. L'*Iris* envoya ses bombes
dans la mer ; seule l'*Iphigénie* atteignit la tour de Saint-
Elie de quelques projectiles.

La nuit du 14 au 15 se passa sans incident. L'escadre se
trouvait dans l'anse de Calamosca, et les volontaires marseillais campaient au point où ils avaient débarqué, entre
la tour de Saint-Andréa et la tour Mortorio, dans un camp
que le capitaine Ravier avait fortifié sommairement avec
le concours des soldats du 42ᵉ d'infanterie.

Le 15 au matin, la flotte de Calomosca se rapprocha de
la côte et ouvrit le feu dès 6 heures. A midi, le *Duguay-
Trouin* et le *Thémistocle* cessèrent de tirer, car leurs boulets ne portaient pas. Le *Thémistocle* était engagé de très
près, et successivement l'*Orion* et l'*Entreprenant* furent
obligés de le secourir. Vers 5 heures du soir, il se replia ;
il avait perdu son commandant, le capitaine Haumont,
blessé mortellement, et les boulets rouges ennemis avaient
mis le feu à bord, pour la deuxième fois dans la journée.
Le *Léopard* lui-même s'échoua, mais resta à son poste,
maltraité par le feu des coulevrines, et sans pouvoir ré-
pondre, car ses canons avaient une portée de 600 mètres
trop faible. Les trois galiotes à bombes et la *Lutine*, qui
venaient de rejoindre, tirèrent chacune une vingtaine de
bombes, mais n'obtinrent que de médiocres résultats.

Au cap Saint-Elie, la tour des Signaux, solidement construite sur un rocher, fut ruinée par le *Patriote* et le *Languedoc* ; le canon casematé seul résista (1).

Mais la mer était trop grosse pour permettre que toutes
les troupes soient mises à terre. A 6 heures, l'amiral **La
Touche-Tréville** donna l'ordre de cesser le feu. Le bombardement n'avait causé que quelques accidents de personnes et des dégâts matériels. Les batteries de la ville
avaient été endommagées et quelques maisons du faubourg
de la Marine détruites.

Malgré le temps qui l'empêchait de débarquer les troupes à la tour de Saint-Elie, le général Casabianca se trouvait en mesure d'agir. Il avait formé ses trois brigades,
chacune de 1.200 hommes, en une seule colonne qui se
mit en marche entre 8 et 9 heures du matin, le long de la
mer. Une avant-garde de 800 hommes, commandée par le
lieutenant-colonel Sailly, du 32e, couvrait les brigades qui
suivaient par bataillons en masse à courte distance. L'objectif à atteindre était la tour Saint-Elie. Tous les vivres
et approvisionnements étaient transportés par cinq chaloupes canonnières qui escortaient la colonne en longeant
la côte, sous la protection de la frégate la *Junon*.

L'ennemi n'apparaissait en forces nulle part ; à peine
apercevait-on à droite quelque cavalerie du baron Saint-
Amour. Casabianca résolut de se débarrasser de ces dragons, cependant bien peu gênants, et il donna l'ordre de
fractionner la colonne en deux. La 2e brigade devait serrer
sur l'avant-garde, tandis que la 1re et la 3e resteraient en
arrière, ménageant ainsi un intervalle assez grand pour
que la frégate la *Junon* puisse tirer entre les deux groupes
sur la cavalerie sarde, « que le bruit ferait disparaître ».

Dès les premiers coups de canon, celle-ci se dispersa

---

(1) Le *Commerce-de-Bordeaux* s'était joint, à midi, au *Languedoc*
et au *Patriote*.

rapidement et les Français arrivèrent à hauteur de Quartu. Quelques Cagliaritains occupaient le village sous le commandement d'Antonio Pisani di Bari, officier des milices. Ils avaient garni de quatre canons le fortin improvisé et, lorsque la colonne arriva à la tour de Carquangiolas, ils tirèrent toutes les pièces à la fois ; la décharge inattendue de ces mauvais canons suffit pour arrêter la marche des Français.

A ce moment-là, deux itinéraires s'offraient : le premier, entre un étang et la mer, sablonneux, malaisé, le deuxième, plus au nord, passant sous les feux du fortin de Quartu et, par suite, moins sûr. Le général Casabianca, sans chercher à se rendre compte des forces qui occupaient Quartu, et encore sous l'émotion de la surprise du feu des quatre canons, se décida à longer la mer.

Ses troupes médiocres, fatiguées par une marche de 14 à 15 kilomètres dans le sable, en traînant l'artillerie, avaient besoin de repos. Casabianca s'arrêta donc deux heures et profita de la proximité du débarcadère des Salines pour faire distribuer du vin et des vivres. L'idée ne pouvait être plus malencontreuse. Les volontaires firent de nombreuses libations, s'excitèrent aux chants du *Ça ira*, et, lorsque la marche fut reprise vers 3 heures, ils traînèrent la jambe plus que jamais.

Cependant Pitzoli veillait avec ses miliciens sardes. Il avait remarqué combien serait difficile une retraite dans le défilé où s'était engagé Casabianca, et, voulant agir par surprise, avait ordonné à ses hommes de se tapir derrière les murs des vignes avoisinantes et d'y rester jusqu'au signal convenu, quand le canon de la tour Saint-Elie se ferait entendre.

La nuit tomba sur ces entrefaites. Casabianca était arrêté dans sa marche par un fossé profond et des marais salants que les canons ne pouvaient franchir. Les volontaires hésitaient à avancer : ils avaient aperçu les milices de Pitzoli et 2 ou 300 dragons sur la droite.

Dans ces circonstances, et le temps manquant pour engager un combat, Casabianca décida qu'on irait bivouaquer un peu en arrière vers la tour del Bocario.

L'avant-garde couvrait le bivouac en avant ; elle occupait une maison crénelée et un épaulement de terrain ; à 200 mètres plus en arrière s'établit la 1re brigade. En potence entre celle-ci et l'avant-garde se plaça la 3e brigade face au marais, gardant un gué, point de communication entre la colonne et l'ennemi. Elle remplissait un rôle de flanc-garde pendant que l'armée préparait son bivouac. Quant à la 2e brigade, elle était plus en arrière.

L'installation des troupes terminée, Casabianca envoya l'ordre à la 3e brigade de se replier sur le camp et de se couvrir simplement par un poste avancé. Celle-ci avait déjà pris toutes ses dispositions pour passer la nuit, il ne lui agréait pas de rejoindre le camp de l'armée, elle resta donc sur ses emplacements. Il était déjà tard ; d'autre part, il semblait prudent de ramener la 3e brigade plus près. Dans ces circonstances, Casabianca prit le parti de détacher une compagnie du 52e d'infanterie, afin de relier la 3e brigade à l'armée.

Tout à coup, au milieu de la nuit et sans prévenir personne, cette brigade, inquiète sans doute de sa position aventurée, voulut rentrer dans le camp et se heurta dans sa marche à la compagnie de liaison. Celle-ci, croyant avoir affaire à l'ennemi, tira le canon d'alarme. Réveillés en sursaut, les volontaires nationaux, pour la plus grande partie des enfants de 15 ou 16 ans qui n'avaient jamais fait la guerre, saisissent leurs armes et les déchargent au hasard, en criant à la trahison. La 3e brigade, à son tour, riposte à coup de feu. Affolés par le bruit des détonations, les soldats s'enfuient vers la mer, où 700 d'entre eux vont se noyer. Il devait être 3 heures du matin.

Dans son rapport du 22 février 1792, le général Casabianca parle ainsi de cette panique effroyable :

« Les gardes nationales, au nombre de 700 environ, après avoir tiré indistinctement à droite et à gauche dans le camp, quittent leurs fusils, leurs gibernes et leurs habits et vont à corps perdu se jeter dans la mer.

» C'est en vain que nous et les adjoints aux généraux Giovanini et la Converserie, ainsi que plusieurs autres militaires, nous nous portons dans les lignes pour contenir ce mouvement désordonné et pour rallier les troupes : tous nos efforts furent inutiles, la terreur panique avait frappé les esprits de ces volontaires et tous demandaient à se retirer.

» J'ai résisté à leur demande jusqu'au moment où le citoyen Luce, capitaine des grenadiers au 42e régiment, vint me dire que les troupes de ligne, indignées de la conduite des volontaires inexperts, demandaient aussi à se retirer pour ne pas se trouver exposées au même malheur.

» N'ayant d'autre parti à prendre pour sauver cette armée, j'ai donné des ordres pour faire la retraite sur le camp que nous avions quitté le matin ; nous l'avons effectuée sans éprouver aucun obstacle de la part de l'ennemi et nous avons ramené, pendant la nuit, les fuyards qui avaient jeté leurs fusils pour être moins gênés dans leur fuite ; le rivage était couvert de leurs habillements, ce qui nous a fait présumer que plusieurs devaient être noyés.

» Arrivés au camp, les volontaires m'entourent et demandent à se rembarquer, me menaçant de la lanterne si je n'y eusse adhéré ; en vain je m'offre de leur démontrer que nous n'avions pas vu la face de l'ennemi, que le désordre de la nuit avait été provoqué par une fausse alerte et par leur propre faute, qu'ils allaient se couvrir de honte et faire manquer une expédition à laquelle la République attachait tant d'importance.

» La majorité des volontaires, sourds à la voix de l'honneur, indifférents pour les intérêts de la patrie, s'obstinent à demander leur embarquement en criant : « A la trahison ! »

» Si les troupes de ligne avaient été plus nombreuses, j'aurais sans doute pris le parti de contenir par la force des séditieux lâches devant l'ennemi, insubordonnés envers leurs chefs qu'ils devaient respecter, et j'aurais ainsi repoussé la corde qu'ils me montraient s'ils n'étaient pas exaucés.

» Dans cette circonstance difficile, j'ai rassemblé tous les chefs et tous ont convenu qu'avec de tels hommes nous aurions exposé les armes de la République à une défaite certaine et que le seul parti à prendre était de les faire embarquer sans délai.

» Le contre-amiral Truguet, instruit de notre position le 16, nous envoya 50 quintaux de biscuits et d'autres provisions ; les volontaires forcent la chaloupe de retourner à bord et en empêchent le débarquement de peur qu'on ne les oblige de marcher sur Cagliari. Une partie des chefs étaient d'accord avec les volontaires; la plus grande partie n'approuvaient pas la conduite de ces derniers, mais n'osaient point s'y opposer, et les ordres que je donnais n'étaient point exécutés.

» Le 17, un grand coup de vent ayant rendu impossible la communication de l'escadre avec l'armée, manquant de vivres, les mêmes volontaires qui les avaient refusés le jour auparavant se présentèrent au nombre de 5 à 600, ayant à leur tête le lieutenant-colonel Jourdan, de Tarascon, me demandant sous peine de mort l'embarcation et les vivres.....

» Les troupes de ligne, indignées par tant d'horreurs, manifestèrent la disposition de défendre leur général, et dès lors ma vie, menacée à chaque instant, n'a plus couru aucun danger. »

Le contre-amiral Truguet, avisé du terrible événement qui vient de se produire, ne peut croire tout d'abord à tant de lâcheté.

« A 3 heures du matin, dit-il, j'apprends par un officier

d'une de nos frégates que notre armée est en déroute,
qu'elle est revenue au même rivage et qu'elle demande à
grands cris de se rembarquer. Quel coup de foudre ! Igno-
rant les vrais détails et croyant à l'exagération de ce rapport inconcevable, j'envoyai à l'instant dire au général,
par ce même officier, qu'il me paraissait prudent de se
retrancher pour attendre les traînards ainsi que les blessés,
et que j'allais, dès le point du jour, faire toutes les dispositions nécessaires pour le secourir.

» Le vent augmentait ainsi que la mer ; notre mouillage
était mauvais par le vent qui soufflait, mais il fallait se
sacrifier pour cette armée malheureuse. Je donnai sur-le-
champ l'ordre à toutes les chaloupes, à toutes les frégates,
à tous les vaisseaux, d'envoyer au point du jour des vivres
et des boissons au rivage où était l'armée, en attendant que
le temps nous permît de l'embarquer, si telle était son
inébranlable résolution ainsi que celle de son général.

» Voici un effet de la terreur qu'on ne saurait concevoir :
on repousse de terre les vivres que j'envoie, on répond
avec les cris les plus lamentables :

» — Nous ne voulons pas de vivres ! Nous voulons nous
rembarquer !

» En vain, les officiers commandant les chaloupes représentent à ces opposants insensés que la mer qui brise
sur la plage ne permet pas leur embarquement et qu'ils
doivent recevoir les vivres qu'on leur envoie ; même réponse :

» — Nous ne voulons pas de vivres ! Nous voulons nous
rembarquer !

» Ces officiers reviennent à mon bord, je les renvoie encore à terre ; j'écris au général, j'écris aux troupes, je les
conjure de ne pas perdre courage, que bientôt le temps
changera et qu'ils doivent recevoir des vivres ; que, s'ils
refusent encore, je ne serai plus à temps dans quelques
heures de leur en envoyer.

» Même refus, même réponse. On couchait en joue nos chaloupes, on cherchait à se précipiter sur elles, au risque de faire périr soldats et marins. Et telle était la crainte dont ils étaient frappés qu'ils refusaient des vivres pour ôter à leur chef tout motif d'un nouvel ordre d'aller à l'ennemi (1).

» Le vent souffle, la tempête augmente ainsi que je l'avais prévu, et l'escadre et tout le convoi se trouvent en perdition. Je n'avais osé appareiller pour ne point livrer au désespoir cette armée faible ; je n'avais même osé éloigner les frégates qui tiraient continuellement contre tous les rassemblements de cavalerie ; enfin, je n'avais osé faire un seul mouvement que dictait la prudence pour ne pas précipiter cette armée à une démarche plus honteuse encore que celle de capituler.

» Mon dévouement pour sauver l'honneur de cette armée m'exposa pendant deux jours à naufrager, ainsi que tous les navires du convoi. J'avais donné l'ordre aux frégates sur lesquelles j'avais mis en dépôt tous les vivres qu'on avait refusés, qui étaient fort près de l'armée, de profiter de tous les instants où le vent se calmerait pour faire passer des vivres. Elles purent faire passer de temps à autre du biscuit, mais avec beaucoup de peine, et les troupes, voyant alors leur position, acceptèrent, mais trop tard, ces secours (2). »

Les volontaires marseillais s'étaient conduits avec une lâcheté infâme ; seules les troupes de ligne avaient gardé l'attitude de vrais soldats.

---

(1) L'armée de terre s'obstine à mourir de faim sur le rivage, dit le journal de bord du *Languedoc*, au lieu d'aller chercher des vivres dans les villages situés à une demi-lieue d'elle et qui sont sans aucune espèce de défense, quoiqu'elle sache, par quelques Sardes qui ont été pris, qu'ils y trouveraient du vin, des légumes, de la viande, des poules, de l'eau et un abri contre le mauvais temps. On ne peut rien rapprocher de pareil dans l'histoire.
(2) Les provisions envoyées par Truguet consistaient surtout en 50 quintaux de biscuit et plusieurs tonneaux de lard.

Tandis que le corps de débarquement de la baie de Quartu faisait cette fin lamentable, les navires en rade de Cagliari s'efforçaient désespérément de rester à leur poste et de remplir leur mission, malgré une mer démontée. Mais leur situation ne tarda pas à devenir très critique.

Le 16, le *Léopard*, mal engagé, à demi échoué, se relève un instant, grâce aux efforts du *Commerce-de-Bordeaux* et du *Duguay-Trouin*, qui tirent leurs canons jusqu'à midi; malheureusement, le vent sud-sud-est se lève et pousse tous les navires vers le large, y compris l'*Orion*.

Le vent redouble de force tout à coup ; d'énormes lames jettent le *Léopard*, qui manœuvre avec peine, sur un fond de sable de 13 pieds et finalement ce navire échoue sur la plage della Scaffa.

Malgré cela, il riposte de ses deux coulevrines au feu de l'ennemi jusqu'au 18 au soir. De son côté, le *Patriote* continue à bombarder la tour des Signaux ; mais, le 17, le mauvais temps l'oblige à se taire et il reste en péril sur une seule ancre jusqu'au 18. Le *Duguay-Trouin*, ayant eu sa barre rompue par la violence des coups de tangage, est jeté à la côte ainsi que de nombreux canots.

Le 18, le *Languedoc* peut enfin appareiller pour s'éloigner ainsi que la division, et, le 19, le *Patriote* répartit les hommes du débarquement entre les différents navires.

Les vaisseaux qui mouillaient devant Quartu avaient été aussi maltraités par la tempête. Le *Tonnant* avait brisé sa barre, la *Vestale* perdu son gouvernail, le *Centaure* et l'*Apollon* cassé plusieurs câbles. Les deux autres frégates, la *Junon* et l'*Aréthuse*, mouillées à proximité du littoral pour protéger l'armée, durent couper leurs mâts pour ne pas être jetées à la côte. Moins heureux, deux bâtiments du convoi allèrent s'échouer vers la tour de Foxi. Leurs équipages tombèrent entre les mains des Sardes sans même avoir été secourus par les volontaires.

Ceux-ci, au lieu de parler de se battre, ne parlent que

des privations dont ils souffrent. Ils ne veulent que se rendre et menacent simplement de la lanterne Aréna et Casabianca qui s'opposent à leur honteux dessein. Seules les troupes de ligne, écœurées de tant de lâcheté, défendent leur général et repoussent énergiquement et avec horreur l'odieuse proposition des Marseillais.

La journée du 19 permet de ravitailler le corps de débarquement et d'en embarquer une partie. Le lendemain, l'opération se continue et l'escadre se concentre dans la baie de Quartu ; pendant ce temps, quelques gabarres déchargent le *Léopard* et le *Duguay-Trouin* pour essayer de les renflouer.

A 8 heures du soir, le 20, tous les volontaires sont à bord ; ils ont effectué leurs opérations sans que les Sardes aient songé un instant à les inquiéter.

Il fallait en finir avec cette expédition ; la guerre, d'ailleurs, venait d'être déclarée avec l'Espagne et l'Angleterre, et il était nécessaire d'abandonner la Méditerranée pour l'Océan.

« Le Conseil exécutif, considérant combien le succès, même entier, de l'expédition de la Sardaigne importerait peu à la République », ordonna à Truguet de cingler immédiatement vers Brest, où devaient maintenant se réunir les escadres.

« Soit donc que la tentative de délivrance de la Sardaigne ait eu son effet, soit qu'au moment de la réception de cette instruction cette île soit encore au pouvoir du roi de Sardaigne, le contre-amiral en appareillera avec tous les bâtiments de son escadre et, dans aucun cas, rien ne pourra le dispenser du devoir impérieux qui lui est imposé dans la présente instruction. »

Le 22, Truguet donna donc à l'escadre de La Touche-Tréville l'ordre d'appareiller et d'emmener le bataillon de l'Union, Vaucluse et Luberon, ainsi que le 42e régiment d'infanterie, qui ne pouvait rentrer en Corse où il était trop mal vu. Dhiller et son état-major s'embarquèrent sur le *Languedoc* et l'escadre fit voile vers Toulon. Les quelques vaisseaux ennemis que l'on rencontra n'inquiétèrent pas la route et, le 1er mars, le *Languedoc*, le *Thémistocle*, l'*Orion* et l'*Entreprenant* débarquaient au golfe Jouan les volontaires nationaux.

Le 22 février aussi, l'*Apollon*, le *Généreux* et la *Vestale* transportèrent à l'île San Pietro 700 hommes des 57° et 26°, sous les ordres du lieutenant-colonel de Sailly, et les y laissèrent avec l'ordre d'y tenir garnison.

Le 24, le reste du convoi se dirigeait vers les côtes de Provence et y arrivait le 4 mars. Le *Léopard* fut désarmé, son matériel fut enlevé et, le 25 à 10 heures du soir, on brûla sa coque. Seuls, le *Patriote* et le *Duguay-Trouin* demeurèrent dans la rade de Cagliari, puis ce dernier se rendit à Carloforte, où Trogoff donna ses instructions pour la mise en état de défense de l'île de San Pietro. On y débarqua de l'artillerie de gros calibre et les deux frégates l'*Hélène* et *le Richemont* furent laissées à la garde des mouillage de Las Palmas et de Carloforte.

La frégate *la Poulette* resta entre la Corse et l'Italie, afin d'assurer la protection des bâtiments de communication avec la France.

Puis Trogoff se dirigea vers Toulon, où il mouilla le 8 mars.

XI

La contre-attaque de la Maddalena.

Les bataillons de volontaires corses. — Ressources militaires de l'île. — Lettre de Truguet à Paoli. — Napoléon Bonaparte lieutenant-colonel du bataillon d'Ajaccio et de Tallano. — Napoléon et Paoli. — Colonna-Césari et Paoli. — Colonna-Césari chargé de mission près de Truguet et Sémonville. — Colonna-Césari nommé commandant en chef de la contre-attaque de la Maddalena.

Au moment où l'expédition de Sardaigne fut résolue, on estimait que les régiments stationnés en Corse, renforcés par les bataillons de Volontaires levés dans l'île, fourniraient un contingent de forces suffisantes pour mener à bien l'opération. Il fallut bientôt revenir de cette erreur, et le Conseil exécutif provisoire décida très sagement que les effectifs dont disposait Paoli serviraient simplement d'appoint au corps expéditionnaire. Primitivement aussi, les opérations devaient être dirigées avec toutes les troupes contre la capitale seule, contre Cagliari; on avait tout prévu pour la réalisation de ce plan, lorsque l'échauffourée sanglante du 18 décembre vint rendre ce projet impossible. Malgré cela, comme il ne fallait point laisser inutilisées les milices de Paoli, Truguet décida de les employer à une contre-attaque dans le nord de la Sardaigne.

« Je ne récriminerai point sur les motifs qui nous commandent un plan d'attaque séparée. La sensibilité a payé son tribut, c'est au courage à payer le sien. Dans toutes les positions il fallait une attaque séparée et combinée, et c'est à ce résultat que je m'arrête (1). »

---

(1) Lettre de Truguet aux citoyens administrateurs, 28 décembre 1792.

Truguet pensait que la contre-attaque de la Maddalena aurait l'avantage de diviser les forces sardes et de couper définitivement les relations de l'île avec le Piémont ; il oubliait qu'il n'existait en Sardaigne ni plan de défense, ni mobilisation, et que la Maddalena était trop loin de Cagliari pour que la prise de l'une puisse influer sur la résistance de l'autre. Quoi qu'il en soit, c'étaient les volontaires corses qui, aidés de quelques hommes des régiments réguliers, allaient entreprendre cette diversion insignifiante et malheureuse.

Qu'étaient ces bataillons de volontaires ? On avait commencé à les recruter dès les premiers jours de décembre 1791 ; neuf commissaires pris dans le sein de l'administration avaient reçu mission d'enrôler les soldats. Cette levée des bataillons par des agents corses devait donner lieu à de cruels mécomptes, car il est difficile aux insulaires de remplir chez eux tous les devoirs de leurs fonctions.

Ils cèdent à la passion, jugent avec partialité, mettant de côté toute notion de justice et perdant de vue les intérêts généraux. Ainsi, les commissaires sacrifièrent les jeunes gens vigoureux à d'autres inaptes au service militaire. Ils préférèrent à l'élite de la jeunesse des « estropiés », des adolescents malingres, des enfants, des « vieillards inhabiles et sexagénaires », tous intrigants désireux de « goûter la faveur de servir la patrie ».

Le Corse s'enrôlait pour toucher les 15 sols de prêt par jour, bien petite somme d'argent sans doute, mais fort appréciable cependant en comparaison du revenu d'une glèbe inculte. Le Corse entrait au service parce qu'il espérait obtenir de fréquentes permissions ; il pouvait de la sorte manger chez lui et sans travailler le pain que lui vaudra l'honneur de porter les armes.

Il manquait aux bataillons de volontaires ces soldats corses, « fort lestes, bien policés et curieux de leurs devoirs », dont parlait d'Aubigné, jaloux de leur patrimoine de gloire et servant seulement par point d'honneur.

Enfin, dès janvier 1792, le directoire du département de la Corse annonçait que « les compagnies de volontaires étaient organisées dans presque tous les districts (1) ».

En fait, les compagnies n'arrivaient pas à 10 et 12 hommes, et leurs contrôles ne devaient jamais être que ceux « des soldats fictifs payés 20 sols les jours de revue » (2).

Pour commander à d'aussi mauvaises troupes, il n'y avait que des cadres bien médiocres. Si quelques officiers avaient le sentiment du devoir et essayaient de racheter leur inexpérience par leur énergie et leur vouloir de bien faire, les autres, à côté de l'incapacité la plus notoire, faisaient montre de la plus grande cupidité. Ils ne cherchaient que les occasions de faire *pignata grassa* (grasse marmite), comme disait Paoli (3). Ils avaient été élus, il fallait les conserver;

---

(1) La loi du 29 juillet 1791 attribuait à la Corse quatre bataillons. « Rien n'a été, par nous, négligé pour accélérer la levée de cette force. L'ardeur de nos compatriotes pour la liberté nous était un sûr garant de leur zèle pour la défense de la patrie. En effet, l'inscription des citoyens a surpassé nos espérances. Mais chaque canton devait partager la gloire de fournir des défenseurs à la patrie, et ce motif nous détermina le nombre entre les différents cantons du département, en raison des inscriptions et de la population active. Neuf commissaires, tirés du sein de l'administration, furent chargés de la mission du choix dans les différents districts. Ils s'y sont rendus dès le commencement du mois de décembre, et nous avons la satisfaction de pouvoir vous annoncer que les compagnies des volontaires sont organisées dans presque tous les districts et qu'un des bataillons a été réuni et reçu par le commandant de la division à Cervione...

» Que les tyrans et leurs vils satellites tremblent ! L'expérience leur apprendra quelle différence il y a entre la fermeté et le courage d'un homme qui milite sous le drapeau de la liberté, qui combat pour la conservation de ses droits, et celui d'un esclave qui fait de faibles efforts pour soutenir un despote orgueilleux sur son trône d'argile. » (Extrait du compte rendu du Directoire au conseil général d'administration, réuni à Corté au mois de janvier 1792.) (Arch. dép.)

(2) Lettre des officiers municipaux de Bonifacio (Arch. dép.).

(3) « La cause principale des désertions sont les abus dont les soldats sont victimes... Tout provient du vil intérêt qui guide les chefs dans leurs actes. » Lettre de Colonna, procureur syndic de Vico, au procureur général syndic du département (Arch. dép.).

on devait fermer les yeux sur les gradés qui, « pour cumuler de l'argent, inscrivaient sur les registres un plus grand nombre de volontaires que ceux qu'ils avaient recrutés effectivement » (1).

Si les volontaires n'étaient pas des modèles de vigueur, la faute en était aux commissaires ; s'ils ne possédaient pas l'ardeur patriotique, c'est que le grand souffle révolutionnaire n'avait pas vivifié l'île, célébrée par Volney et J.-J. Rousseau. Ce Corse, qui n'a que son île pour patrie et sa liberté pour religion, ne désirait rien pour l'instant.

La France l'a laissé venir à elle sans heurt. Après la dure oppression gênoise, il jouit tout à coup de trop de libertés pour qu'il désire ardemment en conquérir de nouvelles. Le sol des ancêtres n'est pas non plus directement menacé ; les Corses ne se sentent que confusément intéressés à la grande guerre de la Révolution ; le peuple est sans orientation politique pour l'instant et attend des chefs. Pourquoi alors y aurait-il eu dans l'île une levée générale pour former des bataillons de volontaires ? Pour combattre le Sarde ? Sans doute, celui-ci a suscité des haines individuelles ; mais, historiquement, il s'est développé côte à côte avec le Corse, et des malheurs semblables leur ont créé bien des liens. On est loin des illusions de Truguet, qui pensait que les gens riches allaient s'équiper à leurs frais pour voler en Sardaigne.

Le Corse était volontaire, parce qu'il désirait être bien habillé, bien nourri et bien logé.

Cela est si vrai qu'il prendra journellement prétexte de son malaise matériel pour se soustraire à l'autorité de ses chefs et pour demander congés sur congés. Les permissions désagrégeaient les bataillons autant que la désertion. Pour faire cesser tous ces maux, Paoli, qui connaissait bien les mobiles qui faisaient agir ses compatriotes, répétait

_____

(1) Lettre de Quilichini, procureur syndic de Tallano (Arch. dép.).

dans ses instructions : « Apportez tous vos soins à l'habillement, c'est un moyen puissant de resserrer la discipline. » Et il insistait quand on lui rendait compte que le
nombre des déserteurs augmentait : « La discipline, pour
être bonne, doit être soutenue par les soins des officiers
à bien vêtir et à bien soigner leurs troupes. »

D'ailleurs, le soldat se soumet volontiers aux rigueurs de
la discipline militaire lorsqu'il se voit pourvu du nécessaire
et qu'il est satisfait dans ses besoins.

Paoli ne montrera jamais une tendresse exagérée pour
ces mauvaises troupes, mais il profitera de leur état embryonnaire pour apporter des retards aux réquisitions
pressantes de Truguet. Lorsqu'il demandera à les épurer
et à les réduire avant de les employer en Sardaigne ou
dans la division, il laissera simplement entendre qu'il ne
convient pas d'entreprendre les opérations contre la Maddalena avec le concours des Corses.

« Les quatre bataillons ont été trop mal organisés pour
espérer qu'ils puissent présenter un fonds considérable. Ils
ne sont ni habillés, ni armés en grande partie ; leur organisation exige nécessairement du temps, et il est impossible de l'opérer aussi promptement que le contre-amiral
veut mettre à la voile (1). »

Paoli feignait de ne pas comprendre Truguet. Le contre-
amiral s'expliquait en vain.

« Citoyen Général, lui écrivait-il le 5 janvier 1793, je re-
çois dans le moment votre lettre du 2 de ce mois. Je l'ai lue
avec beaucoup d'attention et je pense comme vous que les
obstacles qui paraissent d'abord se présenter au succès de
la contre-attaque ne sont pas insurmontables. Tout est facile avec du patriotisme, du courage et quelque prévoyance.
Je vais, Citoyen Général, vous présenter quelques obser-

---

(1) Lettre au ministre de la guerre, du 30 décembre 1792 (Arch.
dép.).

vations qui lèveront une grande partie des difficultés qui en ont plus l'apparence que la réalité. Il n'est pas nécessaire de réorganiser les bataillons nationaux, mais seulement de réformer les individus inutiles et de constater, par cette réforme, que la plupart des êtres qui la composent sont des ombres qui n'y paraissent qu'un instant, lors des revues. Il conviendrait, après le travail, de laisser ces bataillons *in statu quo*. Voici ensuite comme j'emploierais les fonds destinés par le Trésor national à payer le complet des bataillons. Je lèverais, en compagnie de bonnes volontés, un nombre suffisant de Corses proportionné aux fonds que la France destine pour la paye des bataillons complets. Vous trouveriez facilement, avec cette paye énorme pour des républicains corses dont la sobriété et la tempérance sont les vertus caractéristiques, des hommes hardis qui voleront en Sardaigne et qui auront bien plus d'énergie que la plupart de ces êtres qu'on rassemble pour une revue et qui n'ont ni l'âme ni le courage de ceux qui, secouant toute espèce de patronage, ne soupirent qu'après la gloire du nom corse et la conquête d'une île dont ils ont calculé tous les avantages pour leur pays. Vous n'éprouveriez, pour cette composition de soldats nationaux, aucune entrave, car les fonds pour le complet des volontaires nationaux sont en Corse, et je sais positivement que le Conseil exécutif les envoie très exactement. Si ces fonds sont dilapidés ou employés à d'autres objets (ce que je ne présume pas), voici une époque de le reconnaître en requérant le trésorier général d'envoyer tous les fonds à celui de Bonifacio. Son obéissance vous fera lever tous les obstacles et son refus vous éclairera. J'ai la certitude physique et morale, par le nombre d'individus qui se sont présentés à moi, que les hommes de bonne volonté ne manqueront pas au citoyen Césari et qu'il suffit que votre œil se porte sur la légitime dispensation des fonds pour être assuré du payement de ces vigoureuses armées.

» Donc, Citoyen, ayez le courage de porter la hache sur des abus intolérables ; voilà des moyens de subvenir aux frais de toutes ces levées. Elles seront fortifiées par les garnisons de Bonifacio et par un renfort de Suisses; et je ne saurais trop calmer encore vos inquiétudes sur les dangers du dehors. La seule manière de nous rendre redoutables, c'est de faire triompher la cause de la liberté. Ses succès nous serviront d'égides contre les trames des malveillants du dedans et contre les menées des prêtres malintentionnés. Car le peuple libre et triomphant s'élève au-dessus des cabales des factieux et des chefs de parti qui veulent l'opprimer en feignant de le servir. Sous tous ces rapports, les Corses ont peut-être besoin de s'élever au-dessus des ambitieux et d'imiter les peuples d'un département qui ont triomphé de ceux qui voulaient les gouverner. La seule mesure qui me paraît indispensable pour le succès de cette *contre-attaque*, c'est l'ordre à donner au commissaire ordonnateur du département de requérir les régisseurs des vivres de prendre des mesures pour la subsistance des troupes nationales ou de ligne, désignées pour entrer en campagne en partant de Bonifacio. Cet ordre n'est qu'une conséquence de celui de les faire marcher, et vous êtes trop jaloux du succès de cette *contre-attaque* et de la gloire du citoyen Césari, pour ne pas exiger la plus grande célérité de la part des régisseurs de vivres, qui en ont une partie déjà à Bonifacio, qui en ont beaucoup à Bastia et qui en attendent à Ajaccio une très grande quantité annoncée par le ministre de la guerre.

» Il faudra peut-être quelques délais, mais je m'en rapporte là-dessus au courage et au zèle du chef Césari. Il saura stimuler et mettre en mouvement tous ses coopérateurs et il agira toujours en attendant de pouvoir mieux faire. Je comptais ne me porter sur Caglirai qu'avec 1.500 hommes; mais j'apprends qu'au départ de Danselme 4.000 hommes ont été destinés à me joindre.

» En voilà suffisamment pour triompher des retranchements et des proclamations du vice-roi. J'écris au citoyen Césari par la même occasion et je lui annonce à Bonifacio une corvette et des felouques armées.

» Telles sont, Citoyen Général, les réquisittions et les observations que je prends la liberté de vous faire. Elles n'ont d'autre but que le succès de nos armes républicaines et particulièrement l'avantage réel pour la Corse, dont les habitants acquerront de la gloire et vivifieront leur pays par de nouvelles richesses. Tous ces avantages doivent être achetés, je le sais ; mais, si notre génération s'impose des peines et des privations, nos neveux et nos enfants jouiront de nos travaux.

> » *Le contre-amiral commandant*
> *l'armée navale de la République française,*

> » TRUGUET (1). »

Les appels répétés de Truguet ne troubleront pas la réserve machiavélique du Corse. Retranché dans sa citadelle de Corté, Paoli gardera le silence. Il ne parlera jamais que pour se plaindre du peu de moyens dont il dispose dans sa division. Il attendra les événements, blessé de n'avoir pas été choisi pour les diriger, voyant avec dépit les Corses entrer en lutte avec le roi de Sardaigne.

A la faveur des événements qui troublaient le pays, un Corse allait faire l'essai de ses ambitions. C'était Bonaparte. Quelle que fût la valeur des bataillons de volontaires, Bonaparte avait tout fait pour y briguer un commandement. Grâce à des intrigues habiles, grâce à l'appui de Salicetti, qui était un de ses meilleurs amis, Napoléon avait pu être élu lieutenant-colonel commandant en second le bataillon d'Ajaccio. Consumé par une ambition immense, en proie à une activité dévorante, il était parvenu, par des efforts

---

(1) Arch. dép.

inouïs et une habileté remarquable, à acquérir des fonctions qui grandissaient le prestige du nom de Bonaparte et
lui permettaient de jouer un rôle dans les événements dont
il pressentait l'importance. Il partageait maintenant avec
le lieutenant-colonel Quenza le commandement du 2ᵉ bataillon ; il fallait maintenir la situation acquise. Ses ennemis n'avaient pas désarmé ; Paoli ne le voyait qu'avec dé-
plaisir dans ce grade important. A la suite des émeutes
d'avril, Arrighi, quoique son parent, disperse son bataillon,
en envoie la majeure partie à Bonifacio avec Quenza et
seulement quatre compagnies à Corté.

On fait comprendre à Bonaparte que sa présence n'est
pas indispensable, pas plus à Corté qu'à Bonifacio. Mais
il n'est pas homme à se laisser écarter par des mesures
dilatoires. Il a pu prendre part, avec la violence des pas-
sions qui enivrent les Corses, à toutes les luttes politiques
du moment ; il a pu déclamer dans les clubs, il n'entend
pas qu'on lui en fasse grief. Il n'admet pas que Paoli
puisse lui reprocher de prendre parti contre lui.

Bonaparte n'était pas de ces adversaires que l'on né-
glige.

Sous prétexte d'examiner sa situation au point de vue
militaire, il fut mandé à Corté par le commandant de la
23ᵉ division. Celui-ci pensait amener Bonaparte à composition. Il se trompait. L'entrevue, qu'il avait espéré devoir
être calme, fut des plus orageuses. Loin de courber le
front, le jeune lieutenant-colonel tint fièrement tête à celui
qu'il considérait moins comme un chef que comme un ennemi politique. En présence de l'avocat Tibéri et des deux
lieutenants-colonels du 4ᵉ bataillon des volontaires, Colonna Leca et Grimaldi, il répondit aux reproches et aux
conseils de Paoli sur un ton si violent que celui-ci dut le
faire sortir.

Puis, refusant de faire la moindre excuse, Napoléon re-
partit brusquement pour Ajaccio, malgré les sages conseils

de son frère Joseph et les avis du général Casabianca. Il
comptait sur des appuis politiques plus puissants que la
faction des Pozzo di Borgo qui entourait Paoli (1). D'ailleurs,
sa situation allait être régularisée ; Bonaparte avait la certitude de pouvoir prendre part à l'expédition de Sardaigne.
Il détourna aussitôt son énergie et son activité de la lutte
politique et se hâta de façonner un instrument qui l'aiderait
à enlever la victoire. Dès lors, il rédigea des instructions
où il se montre clairvoyant du but et des moyens à employer pour l'atteindre. Il ne respire que l'action. Sa pensée limpide et vigoureuse se traduit déjà par des ordres
clairs et précis qui enlèvent toute hésitation à ses subordonnés. Ferme dans sa réprimande, mais convaincu de sa
supériorité, il excuse toute faute quand lui, le chef, n'est
pas là. « Dites à vos volontaires, écrit-il au lieutenant
Costa, que c'est la dernière fois que pareille chose arrive,
que je serai là et que tout marchera comme il faut (2). »
Et, en attendant son arrivée, il craint que ses lieutenants
n'aient pas le doigté nécessaire pour savoir réprimer la
faute sans scandale. « Déjà le général est très mécontent
de nos bataillons, plus particulièrement du nôtre ; il ne
faut pas tant se découvrir ; la bonne politique veut que
l'on agisse autrement. Il faut punir les officiers et soldats
qui résistent au bon ordre, et ne les accuser qu'à la dernière extrémité (3). »

Les lettres de Napoléon Bonaparte sont pressantes et
enfiévrées ; elles ne tendent qu'à détourner ses subordonnés
de toute préoccupation étrangère au succès des armes.

---

(1) Pozzo avait intrigué contre Napoléon auprès de Paoli et il
l'écrivit à Césari : « Les Bonaparte sont nos ennemis nés ; ne vous
associez pas ce coquin, ce *birbo* de Napoléon ; il y a façon de
l'éloigner ; autrement vous aurez toujours avec vous un homme
dangereux ou méchant, intéressé à vous prévenir dans toutes les
relations que vous donnerez à Paris et peut-être à vous calomnier. »
(2) Lettre au lieutenant Costa, octobre 1792.
(3) *Ibid.*

L'heure du combat a sonné et réveillé chez lui toutes les ambitions et toutes les aspirations égoïstes qu'il gardait au fond de lui-même. Malgré tous ses efforts, il fut impuissant à former des hommes capables de vaincre. Il devait échouer ainsi que Quenza dans le but qu'ils se proposaient d'avoir des soldats dignes de voir le feu.

Les bataillons de volontaires étaient de valeur militaire bien médiocre sans doute ; ils n'en étaient pas moins une puissance considérable à la disposition du général Paoli. Or, avoir pour soi en Corse la force armée, c'est s'assurer les faveurs de l'opinion ; aussi Paoli ne cessait de faire en sous-main, parmi les chefs et les soldats, une propagande active pour son parti ; son mutisme en certains endroits avait permis aux officiers paolistes d'acquérir une influence prépondérante dans ces mauvais bataillons.

Décider que ces troupes participeraient seules à la contre-attaque de la Maddalena, c'était satisfaire les tendances séparatistes des insulaires ; donner le commandement de l'entreprise à un chef corse, c'était favoriser singulièrement le jeu de Paoli et « faire s'en aller en fumée » cette opération si « mal combinée ». Colonna-Césari était trop l'ami de Paoli pour pouvoir agir en toute indépendance et connaître d'autres ordres que les désirs du commandant de la 23ᵉ division.

Colonna-Césari se trouvait à Quenza, dans sa famille, quand il reçut, le 5 août, une lettre écrite par Salicetti et signée par Paoli. Ce message l'invitait à se rendre à Corté sur-le-champ pour des affaires de la plus haute importance. « Venez bientôt, mon cher, lui disait son ancien collègue de la Constituante, votre présence est nécessaire. »

En réalité, le directoire départemental vivait en mésintelligence avec Paoli. Le vieux héros corse, rendu circonspect par l'âge, gardait la plus grande méfiance vis-à-vis des innovations hardies de la Révolution française ; surtout, il était loin d'approuver sans réticence les mesures

prises par l'administration à l'instigation de Salicetti.
Entre les deux adversaires la lutte était active, mais sans
éclat, et d'ailleurs mitigée par une estime réciproque.

Au reçu de la lettre, Colonna-Césari se mit en route pour
Corté, où il prit possession d'un petit appartement qu'on
avait aménagé à son intention au couvent de Saint-François. C'est là que Paoli vint le voir. Pendant deux jours,
la conversation s'égara sur tous les sujets ; de l'objet du
voyage de Césari, il n'était jamais question. L'un ne voulait pas prendre les devants, l'autre restait obstinément
muet. Enfin, les membres du directoire rompirent le silence et s'ouvrirent à Colonna-Césari afin de sonder ses
intentions. L'ancien colonel garda d'abord une prudente
réserve, puis laissa entrevoir que rien ne pourrait faire
chanceler sa ferme amitié et son dévouement pour Paoli
et, en définitive, affirma qu'il resterait attaché malgré tout
au héros de l'indépendance corse. Salicetti battit en retraite, quelque peu désappointé de l'échec de sa démarche
et regrettant d'avoir montré son jeu.

Sur ces entrefaites, Paoli reçut, le 27 septembre, sa nomination au grade de lieutenant général et fut requis par
l'amiral Truguet de coopérer à l'expédition de Sardaigne
qui se préparait. Celui-ci avait relâché avec Sémonville
à Ajaccio ; dès qu'il eût mis le pied sur la terre corse, ses
sollicitations dans ses lettres à Corté se firent plus pressantes que jamais. « Paoli, au dire de Colonna-Césari, ne
savait s'en tirer, il n'avait pas de moyens pour une pareille
expédition » ; en outre, il nourrissait pour le roi de Sardaigne « une espèce de reconnaissance qu'on découvrait,
mais de bien loin », et qui l'empêchait de porter les armes
contre lui. Mais cela, ajoute Césari, était une « question
secrète que Paoli gardait au fond de son cœur (1). »

A son corps défendant, Colonna-Césari fut envoyé à

---

(1) *Mémoires* de Colonna-Césari.

Ajaccio pour plaider la cause de Paoli. Il s'en acquitta avec le plus grand zèle. Il montra toutes les raisons de ne pas employer à cette expédition de Sardaigne les Corses et leur général. Le grand âge de Paoli lui rendait difficile le moindre déplacement ; sa présence était indispensable à Corté, d'où il dirigeait l'opinion publique ; enfin, on ne pouvait faire fond sur les maigres effectifs de la 23ᵉ division, qu'on n'aurait pu, du reste, ajoutait-il, enlever à la Corse sans péril pour la sécurité publique.

La conquête de la Sardaigne n'allait pas non plus sans quelque difficulté. « On ne conquiert pas un royaume comme un chou dans un jardin », dit Colonna-Césari ; il faut compter sur une résistance opiniâtre, en Sardaigne, des seigneurs et des prêtres et de tous les gens intéressés à ne pas laisser s'implanter le gouvernement de la République.

A son avis, une armée de terre assez considérable était nécessaire, ainsi que beaucoup d'argent, afin de travailler les esprits sur les lieux et de s'y former un parti. En manière de conclusion, Colonna dit que, s'il devait « parler comme un Corse en politique, il pensait que la Sardaigne n'aurait fait que diminuer la considération de la Corse auprès de la France, parce que la Sardaigne était plus riche, plus grande et non moins avantageusement située, mais qu'il ne s'agissait pas de cela, car voyant la chose en Français, il trouvait le plan mal combiné (1) ». Il fallait, dit Césari, marcher sur Turin et sur Rome et renoncer à l'expédition de Sardaigne : Césari, en cette occasion, n'avait été auprès de Truguet que le porte-parole de Paoli, dont il n'avait pas oublié le dernier mot au départ de Corté : « Je n'ai autre chose à te recommander que ton amitié pour moi. » Si les troupes de la 23ᵉ division n'étaient pas en état de rendre tous les services qu'on est en droit

---

(1) *Mémoires* de Colonna-Césari.

d'attendre d'unités parfaitement organisées, elles n'en présentaient pas moins des ressources appréciables. Elles auraient pu satisfaire à bien des besoins si leur chef n'avait pas nourri pour l'expédition de Sardaigne une hostilité froide et raisonnée. Paoli ne voulait pas voir les Corses combattre le roi de Sardaigne, et surtout il craignait que, si la France s'emparait de la Sardaigne, la Corse ne fût oubliée, qu'elle ne devînt l'objet d'une moindre sollicitude des pouvoirs publics.

Un bon Corse peut admettre cette manière de penser, si blâmable au point de vue général ; mais si l'intense particularisme qui est au fond du cœur de tout insulaire explique l'erreur de Paoli, il ne saurait excuser un général français.

Enfin, Truguet, ayant simplement demandé les troupes disponibles de la 23e division, il ne restait plus qu'à désigner un chef. Ce fut Colonna-Césari. Dès sa nomination au grade de lieutenant général, Paoli avait proposé Colonna pour maréchal de camp : « Du moment où j'ai accepté ma nomination, écrit-il au ministre, j'ai eu l'honneur de vous proposer pour maréchal de camp le citoyen Pierre-Paul Colonna-Césari, colonel réformé de la gendarmerie nationale. Je vous ai assez parlé de ses mérites pour vous en faire de nouveaux éloges : il me reste à vous dire seulement que le contre-amiral Truguet vient de me requérir pour le nouveau commandement de la contre-attaque dans le nord de la Sardaigne et je ne doute pas qu'il ne réponde à la confiance que l'on doit inspirer (1). »

Selon les désirs de Paoli, Colonna-Césari fut nommé maréchal de camp et eut le commandement de la contre-attaque de la Maddalena. Le général de la 23e division annonça ainsi l'entrée en fonctions de Césari :

« Nous Pascal Paoli, lieutenant-général des armées de

_____

(1) Lettre au ministre, du 4 février 1793 (Arch. dép.).

la République française, commandant la 23ᵉ division militaire dans le département de la Corse, le citoyen Truguet, contre-amiral, commandant l'escadre de la République dans la Méditerranée, chargé par le Conseil exécutif de l'expédition de Sardaigne et du choix des moyens pour la faire réussir, nous ayant requis de réunir les forces dont nous aurions pu disposer pour opérer une contre-attaque sur l'île de la Maddalena et la partie nord de celle de Sardaigne, et de faire commander lesdites troupes par le citoyen Pierre-Paul Colonna-Césari, colonel réformé de la gendarmerie nationale, nous, lieutenant-général susdit, voulant concourir par tous les moyens possibles à faciliter l'entreprise dont ledit contre-amiral est chargé et offrir de ne rien négliger de tout ce qui peut contribuer au succès des armées de la République, sur les témoignages que nous avons du patriotisme et des talents militaires du citoyen Colonna-Césari et d'après la proposition et réquisition formelle qui nous en a été faite par le contre-amiral susdit, l'avons nommé, en tant que notre autorité peut nous le permettre, commandant la division des troupes destinées à la contre-attaque dans l'île de la Maddalena et le nord de la Sardaigne. Ordonnons aux militaires de cette division, destinée à faire ladite contre-attaque, de lui obéir comme à leur chef et aux commandants des places et forts, de lui prêter secours et lui avoir égard en cette qualité. Invitons toutes les autorités civiles et administratives à le considérer comme tel dans toutes les réquisitions et actes de son ministère (1). »

---

(1) Arch. dép.

XII

Les volontaires à Bonifacio.

Mais les volontaires sont loin d'être organisés. Les effectifs sont insuffisants, les cadres sans valeur. Pour suppléer à tout, Truguet tente d'éveiller en Corse l'enthousiasme nécessaire à l'expédition dont il a le haut commandement. Il supplie tous les citoyens d'oublier les injures, d'étouffer leurs haines personnelles et de faire converger toutes leurs énergies vers le but qu'il propose, de rendre la liberté au peuple sarde.

« Proclamez, écrit-il aux citoyens administrateurs, vos principes purs, prononcez votre vœu pour la conquête qui nous occupe, et vos concitoyens s'empresseront d'aller présenter en Sardaigne fraternité au peuple et la mort aux suppôts du despotisme (1). »

Si les bataillons de volontaires sont à peine mis sur pied, s'ils ne peuvent rendre tous les services d'une troupe de ligne depuis longtemps préparée à la guerre, qu'importe ? On passera outre. « Ce n'est pas la réorganisation des volontaires que je sollicite, dit Truguet, ce serait trop long et la Sardaigne ne serait pas de sitôt attaquée ; mais un remplacement composé de gens de bonne volonté tels qu'il s'en présente ici par centaines et qui recevront la paye des volontaires nationaux qui se trouveront manquer par absence ou par réforme. Vous trouverez des fonds suffisants et le nombre exact de soldats de la liberté que le Conseil exécutif paye très exactement. Si les fonds ne sont point employés ailleurs, ce que je ne présume certainement

---

(1) Lettre du 28 décembre 1792 aux citoyens administrateurs (Arch. dép.).

pas, vous trouverez de quoi bien payer des hommes de bonne volonté, dont le citoyen Césari trouvera un grand nombre, et vous aurez ainsi, en attendant une réorganisation sévère, beaucoup de bons soldats levés sous peu de jours et qui trouveront une bonne paye en recevant celle qui est destinée à des citoyens qui n'existent pas du tout ou qui ne se présentent que momentanément aux revues (1). »

Et, plein de cet enthousiasme qui fit le succès de la Révolution française, Truguet ajoute :

« S'il existait de braves citoyens aisés qui, enflammés de l'amour de la gloire et passionnés pour la liberté, voulussent marcher à leurs frais, accueillez avec transports leur enthousiasme. Le trajet est facile et les travaux ne seront pas pénibles. D'ailleurs, quel est l'obstacle que le brûlant civisme ne peut vaincre ? Ce sont eux qui donneraient l'exemple des vertus républicaines, et la conduite de ces généreux citoyens envers les Sardes entraînerait celle de leurs compagnons d'armes (2). »

Paoli, répugnant à combattre les Sardes, montrait l'île dans un état plus précaire au point de vue militaire qu'elle ne l'était en réalité. En Corse, disait-il, où il n'y avait rien, même « l'enthousiasme ne pouvait suppléer à tout ». « D'ailleurs, répétait-il, ceux qui se sont mêlés directement de cette expédition ont exagéré de beaucoup les ressources du département; leur zèle, qui était plus étendu que leurs connaissances militaires, les a trompés sans doute. Quand il s'agit de combattre, il faut des choses réelles (3). »

Sur ces entrefaites, les bataillons de volontaires se mi-

---

(1) Lettre du 5 janvier 1793 aux citoyens administrateurs (Arch. dép.).
(2) Lettre du 28 décembre 1792 aux citoyens administrateurs (Arch. dép.).
(3) Lettre au ministre de la guerre, du 2 janvier 1793 (Arch. dép.).

rent en marche sur Bonifacio, que Truguet avait choisi pour leur point de rassemblement.

Paoli avait en vain insisté pour que leur concentration ait lieu à Ajaccio, où l'on eût pu facilement les loger et trouver en grande partie sur place les approvisionnements nécessaires. La ville, plus importante que Bonifacio, offrait des ressources dont il fallait savoir profiter. D'ailleurs, l'escadre aurait pu ensuite transporter facilement les bataillons à Bonifacio, et de la sorte on eût évité le transport à dos de mulet jusqu'à Bonifacio de tous les impedimenta indispensables à la troupe pour s'équiper, s'armer et s'approvisionner.

« Un rassemblement général de tous les bataillons à Bonifacio est sujet à des difficultés presque insurmontables. Les soldats des bataillons ne sont pas équipés, tout mouvement leur devient excessivement difficile et celui qu'on propose est le plus long et le plus difficile qu'on puisse faire en Corse. Il n'y a aucune provision de vivres pour les transférer où le besoin l'exige et Bonifacio étant un endroit pauvre, surtout depuis l'interruption de son trafic en Sardaigne, on ne peut rien offrir pour la subsistance de ces bataillons.

» Les mêmes difficultés se font sentir pour les effets de campement et autres, nécessaires dans le cas que les troupes descendent dans le nord de la Sardaigne (1). »

Mais les instructions de Truguet étaient formelles ; les troupes devaient se concentrer à Bonifacio. Afin de se conformer à l'ordre qu'il avait reçu et tenir compte des difficultés matérielles qu'il ne pouvait surmonter, Paoli ordonna aux volontaires de se rendre à Sartène, qui n'est qu'à une journée de Bonifacio.

---

(1) Lettre au ministre de la guerre du 2 janvier 1793 (Arch. dép.).

Ce fut donc là que les bataillons allèrent cantonner, en attendant que le colonel Colonna-Césari vînt passer son inspection et qu'on transportât, à Bonifacio, vivres, munitions, effets de campement et tout ce qui est nécessaire pour entrer en campagne.

Dans les premiers jours de janvier 1793, Colonna-Césari reçut l'invitation d'aller à Sartène inspecter les troupes qui composaient son corps expéditionnaire.

Il avait pleins pouvoirs pour faire toutes les réformes qu'il jugerait nécessaires. Les bataillons furent loin de lui donner entière satisfaction. Césari les trouva médiocres ; il n'hésita pas à accuser le département et Paoli de n'avoir mis à sa disposition que « les hommes qu'ils ne pouvaient souffrir, qui étaient les plus désordonnés, et presque leurs ennemis ».

Colonna-Césari vit d'abord le 4e bataillon, un des plus mauvais, celui que son chef Grimaldi avait abandonné par crainte de la guerre. Les cas d'indiscipline y étaient fréquents et il y régnait un esprit hostile à tout effort qui le rendait inutilisable.

Césari ordonna qu'il fût épuré sur place avant de partir pour Bonifacio. Colonna de Leca, qui avait succédé à Grimaldi, essaya, mais en vain, d'en tirer quelques éléments meilleurs par la discipline. Malheureusement, il manquait d'argent, il ne pouvait payer la solde, il ne pouvait non plus louer les mulets nécessaires pour le transport des bagages et des fournitures de guerre : force lui fut donc de rester à Sartène en attendant des secours d'argent. C'est ainsi que le 4e bataillon ne put prendre part à l'expédition de Sardaigne et que seules les compagnies Guiducci et Guglielmi, qui étaient détachées à Cervione, participèrent à la contre-attaque de la Maddalena.

Les bataillons de Cervione et de la Porta n'apportèrent pas un contingent de forces considérables. Cent deux hommes des compagnies Ruffini, Valentini et Sébastiani avaient déserté avec l'armement et l'habillement (1).

Le colonel Casalta ne put jamais combler les vides du rang, ni surtout réparer le dommage matériel que la perte des effets lui avait fait éprouver.

Restait le bataillon Quenza - Bonaparte, qui était à Bonifacio. Césari, en quittant Sartène, vint l'inspecter. Il ne lui donna pas plus de satisfaction que les autres et certainement, au milieu de pareils hommes, Césari ne se serait pas cru en sécurité s'il n'avait eu auprès de lui en permanence les quelques gendarmes qui lui formaient une escorte dévouée.

Les volontaires de Bonaparte s'étaient eux aussi distingués par des actes de vandalisme et d'insubordination. Ils avaient brûlé le fameux bois de lentisques et de genévriers de Saint-François, qui abritait Bonifacio contre les vents. Ils réclamaient à grands cris l'arriéré de leur solde et déclaraient hautement qu'ils ne marcheraient que s'ils touchaient intégralement l'argent qu'on leur devait. Or, depuis trois mois, pas un d'entre eux n'avait été payé et la caisse du bataillon était vide.

Bonaparte avait essayé de discipliner et d'entraîner cette mauvaise troupe ; jeune, ardent, ambitieux, il voulait prê-

---

(1) « J'ai l'honneur de vous prévenir que, dans ce moment, le lieutenant-colonel Casalta, chef du détachement du 3e bataillon des gardes nationaux destinés à servir dans l'expédition de Sardaigne, vient de me faire passer un état nominatif des déserteurs qui se sont évadés des compagnies Ruffini, Valentini et Sébastiani avec l'habillement et l'armement complets.

» Le nombre monte à 102 hommes. Je prends les mesures pour les faire persécuter; en attendant, j'ai cru bon de vous prévenir, afin que vous portiez dans votre opération des remèdes forts et décisifs, les seuls qui peuvent nous mener à quelque résultat honorable. L'administration attend tout de votre zèle et de votre fermeté. Elle a répondu au ministère que dans un mois on saura que, par vos efforts, les bataillons de Corse sont dans l'état honorable que la loi et le gouvernement leur supposent. » (Lettre de Paoli au colonel Césari, 7 janvier 1793) (Arch. dép.).

cher d'exemple, se levait chaque matin à la première heure
et faisait lui-même l'instruction de ses volontaires. Son
énergie se déploya en vain; il n'obtint aucun résultat.

Césari ne pouvait être enthousiaste après l'inspection des
bataillons qu'il avait passée à Sartène et à Bonifacio ; mais,
au lieu d'agir, il se contenta de gémir et de se plaindre à
Pozzo di Borgo, procureur général syndic du département.
Si ses plaintes s'expliquaient par suite du mauvais état
des troupes et de la pénurie d'argent dans laquelle il se
débattait péniblement, son attitude n'en restait pas moins
indigne d'un chef énergique qui veut lutter et vaincre la
fortune.

Sa tournée, qu'il fit beaucoup trop tard, fut sans portée
d'aucune sorte, et il ne songea jamais un instant à l'influence qu'il pouvait avoir sur l'organisation et la discipline de ses bataillons.

Il se mettait trop à contre-cœur en route pour la Maddalena. Il n'acceptait pas les troupes que l'on mettait à sa
disposition, il se montrait bien peu satisfait des
navires que Truguet lui avait envoyés. Il trouvait les bâtiments de transport insuffisants, et la corvette *la Fauvette* (1)
seule lui semblait impuissante contre les demi-galères et
les bricks qui, chaque jour, venaient de Sardaigne croiser
devant Bonifacio. Il demandait sans cesse de l'argent, alors
qu'il savait le Trésor vide : « Ma caisse particulière pour-
voit à ma table et à toutes les dépenses qui me sont personnelles dans cette expédition, mais je ne puis faire
davantage. J'ai besoin d'argent. Sans entrer dans le détail,
il y a mille raisons de dépense imposées par l'expédition,
ainsi que vous ne devez que trop le savoir. Une certaine
somme m'est d'un rigoureux besoin (2). »

---

(1) La *Fauvette* était partie le 10 janvier d'Ajaccio, ayant à bord
Bonaparte. Elle emmenait l'escadrille qui devait participer à la
contre-attaque de la Maddalena et arriva à Bonifacio le 22.

(2) Lettre du 11 janvier aux citoyens administrateurs (traduite de
l'italien). (Arch dép.).

Le 10 février, le capitaine Rossi, de Calvi, vint apporter 54.000 livres à Colonna-Césari. Le prêt qui était dû aux troupes fut payé, les besoins les plus pressants furent satisfaits, et Césari garda par devers lui une réserve de 35.000 livres pour parer à l'imprévu.

Mais ce qui manquait surtout à l'ancien colonel de gendarmerie, c'était l'enthousiasme. Ses réclamations pouvaient sembler être dictées par la prudence et la prévoyance ; elles ne témoignaient que la pusillanimité. Il paraissait chercher des moyens de justifier le lamentable échec qui le guettait. Ce bel homme, ce beau cheval de bataille préparait à merveille cette expédition qui, selon le mot de Paoli, devait « s'en aller en fumée ».

XIII

Opérations contre la Maddalena.

L'escadrille est mouillée à Bonifacio depuis le 22 janvier. Les matelots qu'elle porte sont les dignes camarades de ceux qui se sont distingués à Ajaccio par leurs méfaits.

Quand ils descendent à terre, ils ne cessent de chanter les chants révolutionnaires et y joignent volontiers des démonstrations bien peu rassurantes pour les paisibles Bonifaciens.

Le 9 février, peu s'en fallut qu'ils ne tuent Bonaparte. Ce jour-là, ils se livraient à une de ces manifestations qui leur étaient familières. Après avoir parcouru les ruelles étroites et tortueuses de Bonifacio, en chantant la *Carmagnole* et le *Çà ira*, ils s'arrêtèrent sur la place publique afin de danser la farandole traditionnelle en Provence. Bonaparte était présent, par hasard. Indisposé par les cris révolutionnaires des manifestants, il ne put s'empêcher de hausser les épaules. Cette marque de désapprobation publique souleva la colère des Marseillais, et subitement les matelots se ruèrent sur le lieutenant-colonel Bonaparte. Surpris, celui-ci n'eut que le temps de se jeter sous un portique. Les Provençaux l'y poursuivirent pour l'écharper. Par bonheur, le sergent Brignoli, de Bastelica, dit Marinaro, se trouvait à bonne portée. Le Corse brandit son stylet et bondit au secours de son chef. Le Marseillais qui tenait Bonaparte tomba frappé à mort. D'autres soldats corses intervinrent à leur tour ; et les marins de l'escadrille pensèrent, avec juste raison, qu'il valait mieux regagner le port. Bonaparte était sain et sauf.

Il y avait, au fond du goulet de Bonifacio, la corvette *la Fauvette* et seize petits bâtiments, les felouques *la Liberté*, *la Vigilante* et *la Fidèle*, la tartane *Saint-François*, le brigantin *l'Annonciation* et quelques bâtiments de charge et de transport. *La Fauvette* comptait vingt bouches à feu. Colonna-Césari jugea cet armement insuffisant pour résister aux demi-galères sardes et donna l'ordre que quatre pièces tirées de la citadelle soient transportées à bord. On n'avait ni ouvriers ni charpentes; il fallut traîner ces canons, au prix de mille difficultés, le long des rochers sur lesquels étaient construits les remparts.

Ainsi la corvette compta vingt-quatre bouches à feu, deux pièces de 24 et deux couleuvrines de 8. Le capitaine Goyetche prépara tant bien que mal des approvisionnements pour quarante ou cinquante jours et, à force d'énergie, mit tout en ordre pour partir. Il n'attendit plus bientôt que des vents favorables et... Césari. Le corps expéditionnaire à embarquer comptait le 2e bataillon de volontaires et les deux compagnies du 4e bataillon, soit 450 hommes, et une compagnie du 52e régiment, soit 150 grenadiers commandés par le capitaine Ricard. Bonaparte commandait l'artillerie et le capitaine Moydié le génie. Cela faisait une troupe de débarquement de 600 hommes environ sous les ordres du lieutenant-colonel Quenza.

D'un côté, les vents contraires et la tempête immobilisaient l'escadrille ; d'autre part, les volontaires, par crainte de la mer, refusaient de monter à bord. Colonna-Césari, inerte, s'inclinait devant l'indiscipline de ses soldats. Certainement ils ne se seraient jamais embarqués si Bonaparte et Quenza ne leur en avaient pas imposé par une attitude énergique, si surtout la population bonifacienne ne les avait pas exhortés vivement à aller combattre les Sardes. Les volontaires durent se résoudre à gagner leurs bateaux, et, comme le vent avait cessé dans la nuit du 19 février au 20, on put mettre à la voile et

arriver, au lever du jour, à proximité de la Sardaigne.
Soudain, un vent violent se leva. Le débarquement devenait impossible, il valait mieux retourner à Bonifacio.
Seule *la Fauvette*, qui portait Bonaparte et l'état-major
du corps expéditionnaire, mit ses voiles à la cape et attendit meilleur temps.

Le 22, on retourna vers la Maddalena. Les Sardes étaient
prévenus et, dès que la corvette française se présenta à
bonne portée des îles, elle fut accueillie par le feu des trois
canons des petites galères commandées par les chevaliers
Porcile et Constantin. Un homme fut tué, mais *la Fauvette*
ne subit que très peu de dommages.

Colonna-Césari avait résolu de débarquer dans l'île de
San Stefano, qui fait face au port de la Maddalena, et de
diriger de là ses opérations.

San Stefano avait un bon port, protégé par une superbe
tour carrée, entourée de fossés et garnie de trois pièces de
canon. Trente hommes du régiment de Courten y tenaient
garnison et étaient chargés de la défense.

Le 22, à l'approche de la nuit, Césari donna l'ordre à
une division de ses troupes de débarquer dans l'île de
San Stefano et de s'y retrancher. Les Sardes, d'abord résolus à s'opposer à la tentative des Français, s'étaient
postés derrière les rochers à proximité du lieu de débarquement. Mais si tous les Sardes étaient armés, beaucoup tenaient la Corse pour patrie ; plutôt que de combattre, ils préférèrent se réfugier dans la tour de Villamarina, d'autant plus volontiers qu'une pluie torrentielle
ne cessait de tomber.

« C'était, dit Bonaparte, le moment favorable, qui à la
guerre décide tout », de tenter un coup de main sur la Maddalena, de s'en emparer à la faveur de la nuit et de remplir
ainsi la mission qui était confiée à Césari. Malheureusement, l'avis du lieutenant-colonel Bonaparte ne put prévaloir malgré ses insistances, et la nuit se passa dans l'inaction.

Pendant ce temps, les petites galères sardes échappaient à la corvette. Connaissant parfaitement ces parages semés de rochers, n'ayant besoin que de très peu de fond et naviguant à la rame, elles avaient pu se réfugier sur la côte nord de l'île.

Favorisé par le terrain, Bonaparte s'empara en quelques heures des magasins qui étaient à courte distance de la tour. Dès que les soldats corses, qui avaient montré tant d'indiscipline, virent les magasins pris et apprirent que déjà on cherchait à élever une batterie, ils voulurent aller tout droit à l'assaut, sans savoir comment et n'obéissant qu'à leur emportement.

Il fallut les retenir et les empêcher de se faire tuer inutilement. Le canon paraissait nécessaire pour prendre la tour; Césari fit donc approcher la corvette. Mais celle-ci, encore sous l'impression de la perte qu'elle avait subie à la première rencontre de l'ennemi, s'embossa beaucoup trop loin pour effectuer un tir efficace avec son canon de 36.

La simple menace de la corvette fut suffisante pour que la garnison se rendît : une simple sommation de Césari et la tour fut évacuée.

A 4 heures du soir, l'île tombait entre nos mains et tout ce que contenaient les magasins de provisions pour les galères était déclaré de bonne prise.

Bonaparte fit alors établir, face à la Maddalena, une batterie qu'il garnit d'un obusier et de deux pièces de 4. Il aida lui-même ses soldats à établir les retranchements et les parapets, et, grâce à son activité et à son exemple, tous les travaux étaient terminés à 1 heure du matin. Ses pièces dominaient le port, le village et même les batteries de la Maddalena.

Mais la Maddalena est mieux défendue que San Stefano. 150 hommes du régiment de Courten, commandés par le lieutenant Barmann, et environ 300 miliciens sont décidés à s'y bien défendre. La ville elle-même est flanquée de deux batteries qui barrent de leurs feux l'entrée du port où mouillent les demi-galères.

Le 24, Bonaparte ouvre le feu sur la Maddalena. De même qu'il avait bêché pour construire les plates-formes de sa batterie de San Stefano, de même il pointe ses pièces.

Le bombardement dura toute la journée. L'effet moral fut immense ; les habitants de la Maddalena s'enfuirent chercher abri dans les rochers avec la garnison apeurée, si bien qu'il ne restait plus personne pour servir les batteries ennemies.

Bonaparte se contenta-t-il de pointer des bombes vides afin d'effrayer seulement les habitants ses compatriotes, ou bien ne put-il lancer que des projectiles vides et inoffensifs à la vue desquels il cria à la trahison ? Ou bien n'envoya-t-il de sa main qu'une seule bombe qui atteignit l'église et fut vendue par la paroisse, en 1832, pour 30 écus ? On ne sait. Nasica, dont la chronique tient quelquefois de la fable, dit que « Napoléon avait eu la précaution d'envoyer les bombes dans les alentours de la ville, afin de causer le moins de dommage possible ; il voulait intimider les habitants pour les amener à capituler, mais il n'avait nulle envie de leur faire du mal » ; Colonna-Césari, qui ne cite qu'une fois le nom de Bonaparte dans la partie de ses *Mémoires* relatifs à la contre-attaque de la Maddalena, parle laconiquement de « la bombe qui avait fait fuir tous les habitants du village ».

Le mieux est de s'en rapporter à Napoléon lui-même. Dans sa lettre du 2 mars au ministre de la guerre, il assure qu'il a envoyé, le 24 et le 25 février, des bombes et des boulets rouges sur la Maddalena, qu'il a mis le feu au village, démoli plusieurs maisons, incendié un chantier de bois, démonté et réduit au silence les batteries des deux fortins.

Depuis deux jours, la pluie ne cessait de tomber; le vent soufflait avec une violence particulière aux Bouches-de-Bonifacio. Il n'y avait ni bois aux alentours, ni effets de campement dans les approvisionnements ; il fallut passer la nuit sans abri contre l'eau et le froid, avec un peu de pain pour toute nourriture; Bonaparte dut manger sans sel un morceau de chevreau que Costa de Bastelica avait pu trouver.

Le 24 au soir, Césari convoqua en un conseil de guerre, dans le magasin de San Stefano, tous les officiers, y compris ceux de la corvette.

On arrêta que l'assaut serait donné le lendemain contre la Maddalena. Dès le point du jour, on devait s'embarquer sur les gondoles du convoi, marcher sur le village et enlever les deux mauvaises batteries qui le défendaient.

En même temps, la corvette opérerait contre les demigalères et procéderait à un simulacre de débarquement sur un autre point de la côte.

Dès que cette résolution fut communiquée aux troupes corses, celles-ci exultèrent de joie ; la canonnade avait éveillé leur courage et la précision des batteries de Bonaparte avait fait naître bien des espérances.

Colonna-Césari subissait la volonté de ses subordonnés. A Bonifacio, il s'était désintéressé des troupes qu'il devait emmener ; il avait mis à la voile et ne s'était pas un instant préoccupé de savoir s'il était suivi par ses propres soldats. L'attitude des Bonifaciens avait seule déterminé le départ des volontaires. A l'arrivée à San Stefano, les opérations avaient été dirigées, presque contre son gré, par Quenza et Bonaparte. Il sentait son prestige effacé par l'activité et l'ambition de ses sous-ordres. Le conseil de guerre, qu'il avait réuni le 24 au soir, ne devait que masquer ses hésitations. Les événements allaient dénoncer cette situation dans laquelle Césari se débattait si péniblement.

Les équipages ne partageaient pas l'enthousiasme, tardif sans doute, mais réel, des volontaires corses. Ils avaient peur, ces paysans de Provence, qui n'avaient de marin que le nom ; ces sans-culottes, arrachés à leurs terres, avaient la nostalgie de leur pays et étaient moins soucieux de gloire et de combats qu'avides de discours révolutionnaires. Ils s'imaginaient que l'île de la Maddalena était peuplée de milliers d'ennemis, qui tout récemment venaient d'être ravitaillés en vivres et munitions. Ils parlaient de dangers fantastiques qui les entouraient et les menaçaient ; ils craignaient de mourir loin du clocher de leur village. Et, tandis qu'ils discouraient sur les douceurs d'une vie tranquille et sur l'inutilité de conquérir quelques îlots rocheux, leurs officiers, pleins de lâcheté, écoutaient ces propos veules d'une oreille indulgente.

Vers minuit et demi, Colonna-Césari fut prévenu que *la Fauvette*, embossée par le travers de l'île de Cabrera, manœuvrait pour partir. Césari, qui avait un instant quitté le bord, regagna la corvette accompagné de ses douze gendarmes. Il leur donna la consigne de ne s'éloigner sous aucun prétexte de sa chambre, où il conservait le trésor de la troupe, puis il appela le pilote Santo Valéri, de Bastia, et fit mettre le navire face aux demi-galères ennemies. Ces précautions prises, il réunit sur le pont les officiers de l'escadrille, et leur demanda le motif de la grave faute d'indiscipline dont on lui avait rendu compte. Ils répondirent que les équipages voulaient la retraite immédiate et que, leur volonté étant souveraine, il fallait s'incliner devant elle.

Césari parut troublé et, sans insister, descendit se coucher dans sa chambre située à la sainte-barbe. Vers 7 heures, un jeune mousse vint lui demander, au nom de l'équipage, de monter sur le pont. Le commandant en chef de l'expédition se rendit à cet ordre des matelots. Il les trouva rassemblés et commença à discuter avec eux de l'acte d'insubordination que l'on commettait. Mais il manquait de cette conviction qui rend les hommes éloquents ; ses paroles et ses menaces furent vaines. « Dans quelques heures, dit-il,

le drapeau flottera sur la Maddalena. » Les marins prirent
une attitude dédaigneuse, ils n'avaient plus confiance en
leur chef. Alors Césari eut un geste malheureux qui acheva
de le perdre ; il s'approcha d'un baril de poudre et, d'une
voix entrecoupée par l'émotion, s'écria : « Un mot de moi
et la corvette saute ! » Personne ne bougea; Césari avait
déjà donné trop de preuves de pusillanimité pour que ses
soldats le croient un seul instant capable d'un pareil sacrifice ; alors Césari fondit en larmes, il sombrait sous le ridicule.

Goyetche fit mine de s'incliner devant les circonstances
et demanda alors à l'équipage de traduire sa volonté par
un vote : « Que ceux qui veulent protéger la retraite, dit-il,
et sauver leurs frères de San Stefano se portent à tribord !
Que les autres restent à bâbord ! » La majorité se porta à
bâbord. Et Césari, vaincu, prisonnier de ses propres hommes, dut dicter à haute voix l'ordre de la retraite. Il n'eut
même pas le temps d'ordonner qu'on portât secours à ses
troupes de terre. Les marins lui enlevèrent l'ordre des
mains et, accompagnés d'un officier du bord, allèrent le
porter aux troupes de Quenza.

« Cher Lieutenant-Colonel, y était-il dit, la circonstance
exige que l'armée se mette aussitôt en mouvement et pense
à la retraite

» Vous garderez de votre côté toute la contenance possible. Vous ferez jeter à la mer les effets de guerre que vous
ne pourrez pas faire embarquer, et, aussitôt rendu sur le
convoi, vous viendrez vous mettre sous la protection de la
frégate, pour que les demi-galères ne puissent pas vous
offenser.

» Dans une crise aussi grave, j'exhorte l'armée et vous, à
faire connaître de la promptitude et de l'adresse, comme
je vous l'ai dit. »

En recevant cet ordre, le capitaine Ricard, Quenza et
Bonaparte furent stupéfaits ; ils ne comprenaient pas cette

décision de leur chef qui les arrêtait au moment de saisir
la victoire et quand l'ennemi renonçait à la disputer. Bonaparte surtout, ardent et jeune, avait la rage au cœur. Il
refusait d'exécuter les ordres, qu'il venait de recevoir de
Quenza, de faire ses préparatifs pour la retraite.

Enfin la volonté de Césari s'exécuta. Mais la troupe im-
pressionnable des volontaires qui, il n'y avait qu'un instant, refusait de quitter la rive sarde, se précipita tout à
coup et sans raison, dans le plus grand désordre, vers le
rivage aux cris de : « Sauve qui peut ! » Les pièces d'artillerie, un mortier et deux canons durent être abandonnés,
et le mortier, qui porte le chiffre de Louis XVI, se trouve
aujourd'hui au bastion dit de la Maddalena, à Alghero, en
Sardaigne.

La fuite avait été si désordonnée que l'on oublia de prévenir du départ la compagnie de grenadiers du 52e régiment d'infanterie.

Il fallut le dévouement des capitaines Pierre Peretti et
Gibba pour aller chercher les hommes du détachement
français qu'on avait oubliés en territoire ennemi et les embarquer un à un sur les felouques (1). Il était minuit.

L'escadrille mit le cap sur Santa Manza, où elle arriva
à 8 heures du matin le 27 février.

Pendant la nuit, des incidents déplorables se renouve-
lèrent à bord. La compagnie des grenadiers menaça de
lanterner Césari, sous prétexte qu'ils avaient dû abandonner la victoire sans avoir été forcés par l'ennemi.

---

(1) « Nous, officiers, sous-officiers et volontaires servant dans le
2ᵉ bataillon du 52ᵉ régiment, certifions que l'infâme Césari, commandant en chef des troupes employées à la contre-attaque de la
Sardaigne, ayant effectué le projet de laisser à la merci de l'ennemi, dans l'île Saint-Etienne, la 2ᵉ compagnie des grenadiers du
52ᵉ régiment, le citoyen Pierre Peretti fut un de ceux qui contri-
buèrent le plus à forcer cet homme aussi lâche que scélérat à
renoncer à ce dessein atroce; que nous l'avons vu accourir avec
empressement au secours de ses frères d'armes sur la felouque de
la République, commandée par le capitaine Gibba et qu'il servit

Le sort de l'expédition avait été misérable ; on ne sut cependant que se complimenter. Les officiers du bord offrirent à Césari « un certificat exact de ce qui s'était passé à bord », et celui-ci affirma qu'il ne les considérait pas comme des hommes sans honneur. Au surplus, ajouta Césari, « l'équipage, je l'ai vu bien subordonné aux manœuvres ; il n'a été lâche et insubordonné que pour vouloir s'en aller et forcer à la retraite ».

Ainsi se terminait la contre-attaque de la Maddalena.

Bonaparte voyait avec dépit ses projets ambitieux avorter. Il avait espéré pouvoir se distinguer ; des événements malheureux avaient dissipé ses rêves. Avait-il donc déployé en vain son activité depuis sa rentrée en Corse ? N'avait-il donc tant intrigué, pour son élection au grade de lieutenant-colonel, que pour participer à une expédition honteuse ? Il ne put s'empêcher d'exprimer tous ses regrets à Césari. Celui-ci lui tournait le dos. « Il ne me comprend pas ! » s'écria Bonaparte, et il continua à murmurer contre ce beau cheval de bataille qui n'avait su conduire ses soldats qu'à une déroute devant un ennemi imaginaire.

Comme on ne cessait de se congratuler au sujet de cette honteuse aventure, Bonaparte ne refusa pas de signer la « déclaration des différents corps de l'armée », où les officiers corses « se félicitaient de devoir toujours conserver

alors à sauver cette compagnie, dont la conservation est due à ses soins, à son zèle et à son civisme.
» Au port de la Montagne, 27 pluviôse an III.

> » URBAIN, sous-lieutenant ; SÉBASTIEN, officier ; DUBUISSON, caporal fourrier ; HUSQUIN, capitaine ; RIVAL, sous-lieutenant ; BOUSSARD, sergent ; RICARD, capitaine ; GALLAND-FAYARD, capitaine ; MERUER, grenadier ; TACONNET, caporal fourrier ; MAZAT, CADOL, LATOUCHE, sergents ; ARNOUX, sergent ; GEORGE. » (Arch. dép.).

du zèle et du patriotisme de Césari l'opinion qu'ils avaient toujours eue ».

Mais le 1er mars, à Bonifacio, avec sa décision ordinaire, Bonaparte rédigea coup sur coup un projet d'attaque et deux mémoires : l'un *sur la nécessité de se rendre maître de l'île de la Magdeleine*, et l'autre sur une *nouvelle attaque de la Magdeleine*. Ce dernier portait en appendice des ordres précis pour l'exécution des opérations.

Bonaparte estimait que l'injure faite à l'honneur français devait être réparée, que l'on devait retourner en Sardaigne, reprendre les pièces d'artillerie qu'on avait dû y abandonner et « laver aux yeux de l'Italie entière la tache qu'on s'y était faite ».

Il fallait, disait Napoléon, former un convoi de gondoles légères et d'embarcations à la rame, qui, sous la protection d'une corvette et d'une frégate, transporteraient les troupes. On détacherait ensuite deux chaloupes-canonnières pour intercepter toute communication entre les îles et la Sardaigne, tandis que deux autres iraient combattre les demi-galères. Il estimait à 1.000 hommes l'effectif du corps de débarquement, soit 500 hommes d'infanterie et 500 volontaires ; il jugeait en outre nécessaire un équipage d'artillerie de campagne et un équipage d'artillerie de siège. Tandis que 200 hommes débarqueraient dans l'île de San-Stefano et s'y retrancheraient, 800 autres attaqueraient le village de la Maddalena en deux colonnes formées à l'endroit où elles débarqueraient.

Enfin la batterie de siège serait établie à San Stefano, face à la Maddalena, et bombarderait le village afin de « faire danser » les habitants. L'espoir secret de Bonaparte, en soumettant ces projets aux pouvoirs publics, était d'obtenir le commandement de cette expédition pour laquelle il réclamait un officier connaissant parfaitement le terrain, instruit par l'expérience et capable de combiner les efforts de la flotte avec ceux des détachements de différentes armes du corps expéditionnaire.

Bonaparte dégagea ensuite sa responsabilité et celle des officiers de son bataillon. Il prenait une initiative à laquelle il n'avait pas droit, n'ayant servi que sous les ordres de Quenza. Dévoué à la cause de Paoli et de Césari, celui-ci gardait prudemment le silence. Bonaparte le rompit sans hésitation, avec l'énergie qu'il avait montrée lors de son entrevue orageuse avec Paoli à Corté. Il envoyait le 2 mars, au ministre de la guerre, une protestation contre « l'abandon » de l'île de la Maddalena.

Rien n'avait été préparé pour aider dans le succès les vrais patriotes. Nous sommes partis, dit Bonaparte, « dénués absolument de tout ce qui est nécessaire pour une campagne ; nous avons marché sans tentes, sans habillements, sans capotes et sans train d'artillerie, nous en fiant entièrement à celui qui commandait ». Et cependant, le 22 février, nous débarquions en terre ennemie, malgré la « résistance vaine » des Sardes. Si, à ce moment, ajoutait-il, « l'on eût envoyé les effets nécessaires pour construire une batterie vis-à-vis du village de la Magdeleine, et si, à l'entrée de la nuit, l'on eût tenté la descente, il est bien probable que nous eussions rempli promptement l'objet de notre mission ; mais l'on a perdu le moment favorable qui, à la guerre, décide de tout ». On avait lutté quatre jours contre les intempéries, dans le dénûment le plus complet ; l'artillerie avait incendié un chantier de bois, démoli quatre-vingts maisons, mis hors service l'artillerie ennemie, et, tandis que les volontaires occupaient un « poste avantageux » et que la victoire était près d'être cueillie, Colonna-Césari donnait l'ordre de se retirer promptement. Nous avons obéi, disait en terminant Bonaparte, mais avec le cœur plein de « confusion et de douleur. Voilà le récit fidèle, Citoyen Ministre, de cette honteuse expédition. Nous avons fait notre devoir et les intérêts comme la gloire de la République exigent que l'on recherche et que l'on punisse les lâches ou les traîtres qui nous ont fait échouer ».

Bonaparte était sans pitié pour les chefs de l'expédition et ceux qui l'avaient préparée. A la suite de cet échec, le colonel Colonna-Césari tomba dans le plus profond discrédit. Ses hommes l'avaient appelé le « Pleureur », en souvenir des tristes événements du 25 février, Salicetti le baptisa, par dérision, du surnom de « Héros de la Magdeleine ».

Seul, Paoli soutint son protégé. Il écrivit au ministre de la guerre que « la défection de l'équipage de *la Fauvette* avait mis les gardes nationales corses dans la nécessité de se retirer au moment où elles étaient décidées à tenter avec courage la prise définitive des îles » ; que « Césari était aussi brave que patriote », et que, « sans la captivité à laquelle l'équipage l'avait réduit, il aurait péri avant d'abandonner le champ de bataille ».

Des événements plus importants allaient réclamer impérieusement toutes les énergies du peuple français et du Pouvoir exécutif, si bien que l'on perdra bientôt de vue cette malheureuse expédition et que l'on oubliera d'établir les responsabilités de ceux qui la conduisirent.

Quant à Bonaparte, il garda longtemps le souvenir de cette équipée. Il rappellera en 1794, dans ses états de services, qu'il « commandait un bataillon à la prise de l'île de la Magdeleine ». Au début de ses *Mémoires* sur la guerre d'Italie, il mentionne cette contre-attaque que commandait Colonna-Césari.

A Sainte-Hélène aussi, il dira que ce fut en Sardaigne qu'il vit le feu pour la première fois. Mais il gardera toujours le silence sur le rôle qu'il joua. Bonaparte était en sous-ordre ; il avait dû assister à une déroute honteuse, en spectateur impuissant ; il avait dû laisser aux mains du roi de Sardaigne le mortier qu'il avait pointé de sa main ; il n'était pas homme à ne pas garder inguérissable une pareille blessure à son amour-propre. Il ne devait jamais pardonner pareille chose à Césari et à Paoli.

XIV

Le lieutenant-colonel de Sailly et la garnison de l'île de San Pietro.
— Arrivée de la flotte espagnole. — Capitulation du 25 mai. —
Transport de la garnison à Barcelone.

Truguet avait toujours considéré la presqu'île de Sant'-Antiocho et l'île de San Pietro comme sa véritable base d'opérations. De Sant'Antiocho, il pouvait prendre, en effet, le chemin d'Iglésias, et, pour arriver à Cagliari, il aurait certainement suivi cette voie historique s'il n'avait pensé pouvoir brusquer l'attaque avec quelques chances de succès. Après la triste fin de son expédition, obligé de se transporter sur un théâtre de guerre nouveau, il n'oublia point l'île de San Pietro.

Avant son départ, il donna l'ordre aux vaisseaux *l'Apollon* et *le Généreux* de transporter dans cette île les deux détachements des 26e et 52e régiments qui avaient été embarqués à Ajaccio et les pièces de canons de 8 et de 18 qui étaient nécessaires.

Les instructions de Truguet laissaient au lieutenant-colonel de Sailly le soin de pourvoir, avec le capitaine de génie Ravier, à tous les soins de la défense. L'amiral attirait l'attention sur les points à fortifier par suite de leur position importante : les forts Catarina-Vittoria et la tour de Calasetta, qui permettaient de croiser des feux sur la rade.

Sailly, menacé par Camurati, qui s'était établi à Ponte-Sainte-Catherine et à Sulcis, transforma la presqu'île en une vraie citadelle. Il barra par des retranchements l'étroite bande de terre qui le réunissait à la Sardaigne et y mit 400 hommes de garnison. Puis, ayant rendu impossible toute attaque par Ponte-Sainte-Catherine, il organisa la défense de l'île de San Pietro, conformément aux ordres de Truguet. En vue de Carloforte et de Calasetta, et pour garder la rade, mouillaient *le Richemont* et quelques chaloupes canonnières. Sur la côte est de l'île de Piana, une batterie de deux pièces avait été construite. L'île de San Pietro possédait elle-même deux batteries, l'une de mortiers dans la tour de San Vittorio et surveillant le mouillage, l'autre de deux pièces barrant la passe sud et croisant ses feux avec la batterie de Calasetta, dans la presqu'île de Sant'Antiocho. Enfin, sur la côte nord-est de celle-ci, une autre batterie était tournée vers la Sardaigne. 14 artilleurs d'Ajaccio et 14 canonniers de la marine servaient les douze pièces de campagne de 4 et de 2 et le mortier de 12 pouces qui étaient à la disposition du lieutenant-colonel.

Sur mer, les dispositions étaient les suivantes : la rade de Carloforte était gardée par *le Richemont* ; la frégate *l'Hélène* surveillait le golfe de Palmas, avec mission de battre au besoin de ses feux le pont qui reliait Sant'Antiocho à la terre. Ainsi, de Sailly pouvait aisément faire face aux corsaires et à Camurati.

Ses approvisionnements lui permettaient aussi une assez longue résistance. Il avait des effets de campement pour trois mois, six barriques de souliers, six ballots de chemises et une somme de 60.000 livres pour payer le prêt des troupes et faire face aux dépenses que pourrait entraîner l'achat de quelques matériaux pour la défense des batteries.

La détermination prise par Truguet et Latouche de faire tenir l'île de San Pietro fut approuvée à Paris, mais on ne devait pas tarder à oublier le malheureux détachement. Le 14 mars 1793, Sailly rendait compte au ministre que sa situation serait intenable avant deux mois.

Les commissaires Delcher et Lacombe-Saint-Michel, à leur tour, s'émurent du sort qu'on préparait à la garnison de San Pietro et, le 13 mai, ils écrivaient au ministre de la guerre :

« On a laissé à l'île de la Liberté, ci-devant l'île San Pietro, 700 hommes des régiments 26ᵉ et 52ᵉ.

» Les commissaires en Corse étaient convenus avec le général Biron de la faire relever et conduire en Corse ; mais le général Biron ayant vu à Toulon les contre-amiraux Truguet et Latouche, ceux-ci mirent beaucoup d'importance à laisser à San Pietro cette garnison et, en quelque sorte, le sommèrent de ne rien changer à leurs dispositions jusqu'à ce qu'ils eussent rendu compte au Pouvoir exécutif. Depuis ce temps, rien n'est changé dans leur sort; nous avons reçu des lettres de l'officier qui commande. Il demande avec instance d'être relevé. Il n'a pu se maintenir à San Pietro, il est à l'île de Sant'Antiocho. La maladie s'est mise dans son détachement et nous pensons qu'il serait très à propos de faire rentrer en Corse cette garnison, qui périra si elle n'est faite prisonnière, d'autant qu'elle est entièrement sans correspondance avec le continent et sans aucun moyen pour se défendre.

» Il est bien fâcheux pour la chose publique que des officiers généraux, ayant fait une expédition mauvaise et malheureuse, veuillent soutenir leur opinion, en sacrifiant en pure perte 700 hommes excellents, tirés des garnisons corses où ils seraient si nécessaires. »

A ce moment-là, en effet, on eût pu les employer plus utilement contre la citadelle d'Ajaccio, tenue alors par les gardes corses, « qui méconnaissent ouvertement l'autorité nationale ». Devant ces nécessités pressantes, les représentants du peuple envoyés en Corse rendaient compte que, le 23, ils avaient expédié à Sailly l'ordre de rentrer en Corse. Cette détermination leur était dictée par le souci de soustraire le corps d'occupation à une « épidémie destructive » et parce qu'ils avaient appris par un navire suédois que les flottes de l'Espagne allaient se diriger sur Cagliari.

Le 20 mai, en effet, une escadre espagnole, forte de vingt-quatre vaisseaux et de six frégates, parut dans le golfe de Palmas, où elle vint jeter l'ancre.

L'amiral Francesco Borga, marquis de Cammarellos, la commandait. *L'Hélène*, surprise, dut amener son pavillon.

Camurati, n'ayant plus rien à craindre des canons de celle-ci, se proposa de passer le pont de Sant'Antiocho et d'attaquer vigoureusement les retranchements de nos troupes. C'était le 21. Sailly dut battre en retraite et, malgré la cavalerie sarde, il ne perdit pas un homme ; il avait réussi à « tromper la vigilance de l'ennemi ». Il avait fait enclouer tous les canons et disperser les munitions, puis, marchant toute la nuit, était arrivé à Calasetta, où il avait pu embarquer tout son monde pour San Pietro.

Le 23, tous les vaisseaux espagnols cernèrent l'île ; *le Richemont* dut se rendre.

Le 25 mai, l'escadre tout entière mouilla dans la rade de Carloforte et se prépara pour l'attaque de l'île, qui devait avoir lieu le lendemain.

A 1 heure du matin, le 26, un parlementaire espagnol vint se présenter au lieutenant-colonel de Sailly ; il était porteur d'une lettre contenant la sommation du commandant de l'escadre.

« Je sentis, dit Sailly, l'impuissance où j'étais de tenir sur une butte de sable, sans autre force qu'une batterie élevée à la hâte, contre près de 1.800 bouches à feu, et les troupes de débarquement des Espagnols et des Sardes réunis. » Le commandant français rassembla alors les officiers et fit lire aux soldats la sommation qu'il venait de recevoir. Il demanda ensuite qu'on lui portât les vœux de tous par des députés nommés à cet effet. Tout le monde fut d'accord sur ce point que toute « résistance était inutile, parce que leur mort ne servirait de rien à la patrie, et qu'il fallait se rendre aux conditions honorables qu'on pouvait obtenir ».

En conséquence, le lieutenant-colonel de Sailly se rendit aux conditions suivantes de Sa Majesté Catholique :

« 1° Le roi et la nation espagnole, persévérant dans les sentiments d'humanité qu'ils ont toujours professés à l'égard de leurs ennemis, comme on le sait de tout temps, je consens, au nom de Sa Majesté Catholique, que le commandant de la marine sorte avec sa troupe et son équipage de la forteresse de l'île de Saint-Pierre, où il réside, et qu'il en sorte avec les honneurs militaires, à la charge par lui, par sa troupe et son équipage, de laisser dans la place toutes les armes et de venir à bord des vaisseaux du roi en qualité de prisonniers de guerre, sans cependant qu'aucun officier, soldat ou qui que ce soit, soit privé des effets qui lui appartiennent, la propriété devant être respectée.

» 2° Il en sera de même à l'égard du commandant et de la troupe française de terre qui garnissent le château et tous ceux qui dépendent de la susdite troupe.

» 3° Toute l'artillerie, toutes les munitions de bouche et de guerre et tout ce qui appartient à la République française restent à la disposition de Sa Majesté Catholique.

» 4° Tous les prisonniers de guerre seront bien traités à bord des vaisseaux du roi, comme l'ont toujours été les individus de cette classe tombés au pouvoir des Espagnols.

» 5° Sous ces conditions, on procédera ce soir même à la reddition de la forteresse à la troupe espagnole.

» La capitulation sera confirmée par tous les commandants de terre et de mer, et chacun d'eux pourra en conserver un double.

» A bord du *Royal-Charles*, à la rade de l'île Saint-Pierre, le 25 mai 1793.

» Signé : D. Francesco BORGA,

commandant. »

Le commandant français ajouta que « la municipalité et

le peuple de Saint-Pierre demandaient à se mettre sous la protection spéciale du peuple espagnol, et qu'aucun des membres de cette municipalité, qu'aucun citoyen, qu'aucun prêtre assermenté, ne puisse être inquiété pour avoir adhéré aux principes de la nation française ».

Borga mit sa signature au-dessous de la demande du colonel de Sailly avec la simple mention : « Accordé. »

Le 26 mai, toute la garnison de San Pietro passa à bord des navires espagnols et fut transportée à Barcelone.

XV

L'équipée de Sardaigne finissait lamentablement. Entreprise à grands frais, annoncée avec fracas, elle sombrait dans la honte.

Décidée à un moment où le Conseil exécutif se débattait avec peine dans les embarras financiers, cette campagne marque une étape vers les guerres de conquêtes. Sans doute l'idée d'appeler le peuple sarde à la liberté est formellement exprimée dans les instructions du Conseil exécutif, mais elle se perd parmi les considérations d'intérêts.

Diminuer les forces de l'adversaire par tous les moyens que la guerre autorise, occuper son territoire, s'emparer de son grenier à blé, lui prendre les bœufs et les chevaux qui sont nécessaires à notre armée des Alpes, voilà les vrais motifs d'agir contre le roi de Sardaigne.

De par la raison d'Etat, il était urgent de se fortifier aux dépens de l'ennemi. *Primo vivere.*

Le Conseil exécutif affirmait énergiquement cette raison supérieure de l'existence de son gouvernement et donnait à Carnot les premiers éléments de son rapport sur les principes en matière de réunion.

La politique décide de tout, et tout doit se taire devant « les grands intérêts de la République ».

Désormais, la voie était ouverte à cette période de guerres qui ne devait se fermer qu'en 1815.

L'expédition de Sardaigne marquait le début de cet effort prodigieux de la Convention où la guerre était nécessaire pour sauver la République de la conjuration des rois.

L'expédition ne fut qu'une honte, mais une honte à demi

effacée par la distance et que chacun essaya d'excuser avec habileté. Mieux valait, du reste, garder le silence sur cette triste affaire, et ne pas montrer au grand jour l'imprévoyance et l'impéritie de Truguet, le mauvais vouloir de Paoli, la pusillanimité des chefs militaires, l'insubordination des troupes et l'incurie de l'administration. La plus grande part des responsabilités revenait à Truguet et à Paoli.

Les expéditions lointaines doivent être étudiées avec soin ; leur plan, dès longtemps arrêté, ne peut rien laisser à l'imprévu.

L'étourderie de Truguet ne s'accommodait pas d'idées mûries. Il partit pour Cagliari avec l'état d'esprit de celui qui va « cueillir un chou dans un jardin », suivant le mot expressif de Césari. Jamais Truguet n'a pensé à préparer l'entreprise dont il est le chef; à aucun moment il n'en a eu la conception nette. Il ne fut que le jouet des événements.

Après avoir arrêté que toutes les forces navales prendront part à l'expédition, Truguet admet qu'il peut détacher une division à Naples sans inconvénient. C'était déjà une imprudence de se séparer, même momentanément, d'une partie de ses forces ; Truguet allait faire mieux. Sur une simple invitation de Peraldi, il abandonne sur les côtes de Provence son corps expéditionnaire et met à la voile pour la Corse ; il oubliait que les vents, qui peuvent déjà l'isoler de Latouche-Tréville, peuvent lui être assez défavorables pour empêcher le convoi des volontaires de le rejoindre. Il est vrai, et c'est déjà vers la mi-décembre, que Truguet n'a encore aucune idée de l'expédition : « Il me mande, écrit, le 13 décembre, Aréna au ministre des affaires étrangères, qu'il va partir pour Ajaccio avec deux vaisseaux pour embarquer les troupes que lui fournira le département de la Corse et pour y attendre celles que doit y envoyer le général d'Anselme ; il m'annonce que, dans le cas que ces dernières fussent trop longtemps à se rendre à Ajaccio, il commencerait à agir avec celles qu'il tirerait de la Corse. »

Arrivé seul à Ajaccio, obligé de prendre une décision après l'échauffourée du 18 décembre, il décide qu'une double attaque sera dirigée contre Cagliari, d'une part, et la Maddalena, de l'autre.

Puis, sans avoir encore réuni ses troupes de débarquement, il se dirige vers la Sardaigne. Il décide alors qu'on s'établira fortement à San Pietro, afin de pouvoir prendre la route d'Iglésias et tourner les défenses de la capitale par le nord ; il abandonne cette résolution pour tenter d'un coup de main, échoue dans sa tentative et se voit réduit à attaquer méthodiquement la place en combinant ses opérations sur terre et sur mer.

Peu s'en fallut qu'il ne réussît, et il eût peut-être conquis des lauriers faciles sans cette honteuse panique à laquelle étaient voués fatalement ces éléments dont Truguet n'avait jamais su juger de la valeur. Il commet l'erreur funeste de quitter les côtes de Provence sans être accompagné du convoi des volontaires. Il perd à Ajaccio un temps précieux ; il s'embarrasse dans des préparatifs d'ordre secondaire qui étaient la tâche de ses auxiliaires, et il oublie de demander énergiquement que les volontaires provençaux soient dépouillés de tous leurs éléments d'indiscipline ; il serait toujours resté un nombre suffisant d'hommes bien trempés pour aider les troupes de ligne à remporter la victoire. Servan ne disait-il pas qu'il fallait avant tout remplacer chez les volontaires le fanatisme par la discipline et l'exaltation par le patriotisme ?

Quand on parle de la France, chefs et soldats se comprennent. Truguet aurait dû agir directement sur d'Anselme, qui se désintéressait par trop de cette expédition. Truguet savait bien qu'on n'improvise pas une armée ca-

pable de vaincre et que les expéditions d'outre-mer demandent, pour réussir, des soldats disciplinés et doués
d'un excellent esprit militaire. Il ne connaissait même pas
les chefs qui allaient coopérer à l'expédition. Pouvait-il
admettre que Colonna-Césari fût nommé au commandement de la contre-attaque de la Maddalena ? Il fallait bien
peu connaître les choses de la pauvre Corse pour essayer
d'en tirer toutes les ressources militaires qu'il pensait et
surtout pour faire fond sur Paoli.

Le vieux héros corse avait le plus profond mépris pour
ceux qui dirigeaient cette expédition. L'incapacité de Truguet et de ses auxiliaires le frappait ; d'autre part, il ne
cachait pas son aversion de voir les Français porter les
armes contre l'île-sœur. Il eut l'intuition de pouvoir n'en
faire qu'à sa tête en jouant serré ; en préparant l'échec de
l'attaque de Sardaigne, il se vengeait d'une façon éclatante
des Aréna et des clubistes de Provence, qui avaient été
cause qu'on ne lui avait pas confié la direction des opérations. Il sentait que Truguet n'avait pas d'idées arrêtées et
que ses instructions imprécises et vagues ne touchaient jamais à des réalités; qu'il n'avait ni la vigueur, ni la netteté
de vues d'un homme d'action énergique.

Ce manque de direction avait frappé Paoli ; doué pour
le commandement, politique avisé, il sentait vivement ces
défauts du commandement.

Il avait conscience du désarroi dans lequel se débattait
péniblement Truguet. Tenu pour suspect et avec raison
par le Conseil exécutif, blessé du crédit qu'on accordait
à ses ennemis personnels, percevant l'impéritie de tous
ceux qui s'occupaient de l'entreprise, le général corse se
retrancha derrière l'inaction et accueillit les ordres avec
une sourde hostilité. Son attitude eut des conséquences
fatales sur l'issue de l'entreprise. Paoli, qui jouissait
d'une influence considérable en Corse et en Sardaigne,
n'a jamais voulu contribuer au succès de nos armes. Nulle

excuse ne saurait justifier son silence ; en acceptant les charges d'un général français, il devait en accepter toutes les responsabilités et, de ce jour, il se devait corps et âme à sa patrie. Il y a chez lui une restriction mentale coupable et machiavélique. Ses ennemis ne manqueront pas de lui faire grief de son silence et de son attitude, et en profiteront pour le persécuter. Mais peut-on les blâmer, quand on connaît les événements qui suivirent ? On aura toujours le droit de reprocher à Paoli de n'avoir pas mis toutes ses lumières au service de la Convention, qui l'avait comblé d'honneurs. Paoli, qui, mieux que Truguet, connaissait l'indifférence du peuple vi-à-vis du roi de Piémont, savait aussi quelle était l'influence de ses paroles. Son intervention aurait pu, mieux que les meilleures proclamations, triompher de l'irrésolution des Sardes. Il ne fit rien, encore moins les agents qu'il avait choisis.

Paoli savait aussi qu'une expédition comme celle de Sardaigne devait être un coup de main ; il fallait agir contre Cagliari avec hardiesse et rapidité.

Jamais il ne fit soupçonner à Truguet sa façon de voir ; bien plus, il créa des difficultés partout, prétexta des impossibilités et des lenteurs nécessaires, et arriva à tout compliquer afin de tout ralentir. « La licence des équipages, dit-il, et les crimes du 18 décembre m'obligent à tant de ménagements nuisibles à la promptitude de l'expédition ! » Truguet se laissait prendre dans les filets que Paoli avait habilement tendus. Il n'était pas homme à débrouiller la situation. Que dire enfin de l'insistance de Paoli à demander Colonna-Césari comme général ? Il ne manquait pas d'officiers ayant fait la guerre, possédant le caractère et la valeur nécessaires, mais ils avaient trop de caractère pour être accessibles à l'intrigue. Paoli ne voulait qu'un incapable qui fît que toute « l'affaire s'en aille en fumée ». Il lui fallait un homme dont le seul mérite fût d'être un partisan dévoué à sa cause, et dont le seul talent fût de comprendre à demi-mot tout ce qu'on exigeait de lui à Corté.

La mauvaise qualité des troupes, surtout l'indiscipline des Marseillais, allaient aider merveilleusement à la réalisation des souhaits de Paoli.

Les volontaires étaient certes de bien médiocres troupes et leurs chefs ne valaient guère mieux ; néanmoins, si elles eussent été encadrées par des régiments de ligne plus nombreux, si elles eussent été purgées de leurs plus mauvais éléments, il eût été possible d'en tirer un parti meilleur et, dans tous les cas, de ne pas arriver jusqu'à la débandade honteuse de Cagliari.

C'est à Truguet que revient la grande responsabilité de n'avoir rien fait pour assurer une meilleure discipline dans la phalange marseillaise ; c'est à lui que revient la faute d'avoir embarqué sans discernement ce ramassis de vauriens, auxquels il n'avait même pas pris garde d'assurer les vivres et les munitions.

Il eût fallu que Truguet fût un général doublé d'un administrateur capable de guider Péraldi et de le contrôler. Celui-ci, qui avait eu la direction des préparatifs, avait apporté dans sa mission la plus grande imprévoyance. Les vivres, au lieu d'être répartis sur un certain nombre de navires, furent entreposés sur un bâtiment sans soin pour leur conservation, et, dès le milieu de décembre 1792, Aréna et Maurice appelaient l'attention sur le mauvais état de ces approvisionnements. On n'a prévu ni la fourniture de chaussures ou d'effets de campement ; on a même oublié les munitions, dira Aréna au ministre de la guerre : « Les Marseillais n'ont point de fusils. Il n'y a que 1.000 armés ! »

« Ce n'était, dit Casabianca, ni dans la saison de l'hiver, ni avec des troupes de nouvelle levée qu'il fallait se présenter en Sardaigne ; en outre, les vivres n'étaient point en assez grande abondance, puisqu'il me fut dit par le major général de l'escadre que, si je ne prenais pas Cagliari en six jours, il faudrait aller chercher des vivres en Italie ; en outre, l'argent manquait ; plusieurs des troupes demandèrent avant de débarquer, et par plusieurs députations assez séditieuses, le paiement des arrérages de solde qui leur étaient dus ; on ne put les payer, elles en furent mécontentes et servirent mal. J'avais si peu de munitions qu'en ramassant tout le papier et les balles qui se trouvèrent à bord des bâtiments de l'escadre, je ne pus me procurer que 80.000 cartouches, très insuffisantes pour aller attaquer un pays où tout le monde est armé. Il est vrai qu'un bâtiment de l'escadre en était chargé; mais il fut jeté par la tempête sur les côtes d'Italie et ne reparut plus. Cet inconvénient venait, à la vérité, d'un contretemps qu'on ne pouvait absolument empêcher; mais on pouvait et on devait le prévoir. Il est toujours de la dernière imprudence de compter, pour être approvisionné à temps, sur quelque chose d'aussi incertain que la mer et les vents, surtout en hiver. »

Il ne restait plus à la Convention qu'à couvrir la honte de nos armes. Le ministre de la guerre se borna à donner lecture à la Convention de cette lettre de Truguet :

« Les marins de l'escadre de la République, après la conquête de Nice et de Villefranche, après avoir vengé à Naples la France outragée et arboré chez l'ennemi l'arbre de la Liberté, lorsqu'ils s'attendaient enfin à être récompensés de leurs travaux et de leurs fatigues par le succès de l'expédition de Sardaigne, se sont vus lâchement abandonnés par les soldats du bord, qui se sont fusillés les uns les autres. J'ai donné au ministre de la marine tous les détails de cet événement, et l'ai prié de provoquer la vigilance de la Convention sur les soldats qui ont trahi la République. »

Il eût fallu chercher des responsabilités ; mais la guerre qu'on venait de déclarer à l'Angleterre et les difficultés de la politique intérieure attirèrent ailleurs les préoccupations du gouvernement.

L'occasion était perdue pour nous de nous emparer de la Sardaigne, et la Corse allait bientôt passer aux mains des Anglais grâce à la trahison de Paoli.

L'opinion publique en France n'aurait pas manqué de demander des sanctions, si son attention n'avait pas été détournée par les nécessités impérieuses de la politique intérieure et des opérations de guerre plus importantes qui allaient permettre à la République de s'imposer à l'Europe vaincue et étonnée par d'éclatantes victoires.

Expédition de Sardaigne.

TABLE DES MATIÈRES

Paris et Limoges. — Imp. et libr. milit. Henri CHARLES-LAVAUZELLE.

Général H. CREMER. — A B C Tactique (3e édition).

Général ROHNE. — Nouvelle tactique d'artillerie (traduit de l'allemand). In-8° de 38 pages... 1 »

Général PÉDOYA. — L'armée n'est pas commandée. — Brochure in-8° de 40 pages... 0 75

Général PÉDOYA. — Recrutement et avancement des officiers (armée active et réserve). — Volume in-8° de 216 pages........ 3 »

Général PÉDOYA, commandant le 16e corps d'armée. — Recueil de principes tactiques (service de marche, combats offensifs et défensifs, poursuites et retraites, service des avant-postes). — Volume in-8° de 280 pages, broché.. 4 »

Général DE BEAUCHESNE. — Stratégie et tactique cavalières. — Volume in-8° de 102 pages.. 3 »

Général TROCHU. — L'armée française en 1867. — Volume in-8° de 128 pages... 2 »

Brigadier général R. C. B. HAKING. — Une conférence anglaise sur la liaison des armes. Traduction de M. le colonel d'artillerie P. G. DUBOIS. In-8° de 60 pages... 1 25

Général HARDY DE PÉRINI. — Afrique et Crimée (1850-1856). — Historique du 11e léger (86e de ligne), avec préface d'A. Mézières, de l'Académie française. — Volume in-8° de 210 pages, orné d'un portrait du général et de 5 croquis hors texte.................... 5 »

Général LANGLOIS, membre du Conseil supérieur de la guerre. — Conséquences tactiques des progrès de l'armement. Etude sur le terrain. — Volume in-8° de 90 pages, avec 8 croquis coloriés hors texte et une carte mesurant 0m,76 × 0m,58............................... 3 50

Général H. LANGLOIS, sénateur, membre de l'Académie française. — Enseignements de deux guerres récentes : guerres turco-russe et anglo-boer. — 1 Volume grand in-8° de 240 pages, avec 4 cartes hors texte... 5 »

Général LANGLOIS, sénateur, membre de l'Académie française. — Dix jours à l'armée suisse. — Volume in-18 de 124 pages, avec un croquis hors texte... 2 »

Général DAUDIGNAC. — Les réalités du combat : Défaillances, Héroïsme, Paniques. Conférences pour les officiers. — Volume in-8° de 156 pages... 3 »

Général PIERRON. — La Stratégie et la Tactique allemande au début du vingtième siècle (3e édition). — Volume in-8° de 580 pages, avec 34 croquis dans le texte....................................... 7 50

Général von BLUME. — Dans quelle mesure les conditions du succès à la guerre se sont-elles modifiées depuis 1871 ? Traduit de l'allemand avec l'autorisation de l'auteur, par le chef de bataillon PAINVIN, de la section technique de l'infanterie. In-8° de 104 pages......... 2 »

Général FAURIE. — De l'influence du terrain sur les opérations militaires. — Brochure in-8° de 28 pages.......................... 1 »

Colonel CARDINAL DE WIDDERN. — Journées critiques. — Crise de Vionville. Actes d'initiative des commandants de corps d'armée, des états-majors et d'autres chefs en sous-ordre, dans les journées des 15 et 16 août 1870, traduit de l'allemand par le commandant RICHERT. — Volume in-8° de 244 pages, avec 2 croquis dans le texte et une carte hors texte (70 × 66) des environs de Metz............................... 4 »